エンタテインメント企業に学ぶ
競争優位の戦略

丸山一彦［著］

4つの異なるカードに秘密が

創成社

はじめに

研究室での女子学生同士のとある会話。

「やっぱり嵐っていいよね。」

「でもＫＡＴ-ＴＵＮのようなセクシーさは無いよね。」

「なに言っているのよ。これからの時代はお笑いよ。関ジャニ∞の時代よ」

「みんなわかってないな。アイドルは星の王子様なんだから。王子様の中の王子様であるＮＥＷＳがいいのよ。」

芸能通の皆さんでなくとも、このグループの名前を聞いたことがあるのではないか。そう、すべてジャニーズ事務所のアーティストである（ジャニーズ事務所の喜多川擴社長は、ジャニーズタレントをアーティストと呼んでいるので、ジャニーズタレントについてはアーティストという言葉を用いる）。当時（現在でもあるが）ＳＭＡＰが人気全盛の時代に、もう次のジャニーズアーティスト達の話題で、女子学生達はこれだけも盛り上がれるとは、「本当にジャニーズ事務所は凄い」と感心したのを覚えている。その時ふと感じたことがある。筆者の青春時代でも、たのきんトリオ、シブがき隊、少年隊、光ＧＥＮＪＩなど、多くのジャニーズアーティストが人気を集めていた。あれから30数年が経過しても、もっと言えば、郷ひろみ、フォーリーブスに魅了された世代から言えば、40数年が経過しても、継続してヒットアーティストを生み出している。また女子学生の会話にもあるように、女子学生が求める多様なニーズに対応したヒットアーティストが多く生み出されている。さらに近年TV番組では、ニュースやスポーツ番組にまでジャニーズアーティストが出演することが多くなり、日本中が注目する夏季・冬季オリンピック、サッカーワールドカップ、他のスポーツワールドカップでも、必ずメインパーソナリティーにジャニーズアーティストが含まれている。このような優良な結果を生み出しているジャニーズ事務所は、「いったいどのような経営を行っているのだろうか？　どのようにアーティスト創造を行っているのだろうか？」、これがジャニーズ事務所の研究を始めたきっかけであった。

さまざまな資料を集め、調べを進めていくうちに、筆者は正直に素晴らしいと思った。芸能ビジネスは、才能や技芸と呼ばれる特殊な総合芸術を価値として提供するため、マネジメントがしづらいと考えられていたが、ジャニーズ事務所は管理方法が優れており、適切にマネジメントできている。またいくつか訪れた危機も、新たなビジネスモデルを確立し、ピンチをチャンスに変えている。さらに多くの企業が創意工夫の多角化を行い、現在のポジションを維持している中で、むしろ完全にその逆をいくような「男性アイドル」のみに特化したビジネスで、50年間以上発展し続けている。これだけ示唆に富んだ企業がどれだけ存在するだろうか。

ところがジャニーズ事務所は、どのような考えのもと、ヒットアーティストを創造し、マネジメントしているかという、マーケティングや経営の視点で取り上げられることは少なく、ヒットアーティスト創造という商品開発（有形財を生み出している企業にも、本書の知見が有効活用できるように、無形財の価値物も商品という言葉を用いている）などの実態すらも知られていないのが実状である。そこで、ジャニーズ事務所はどのようなマネジメントを行い、どのように成長してきたのか、アーティスト創造戦略の視点から、ジャニーズ事務所に学ぶ、競争優位の戦略を体系的に抽出するのが本書の目的である。

筆者はこれまでに、新商品・ヒット商品の開発方法である「商品企画七つ道具[1]」の研究に携わり、さまざまな企業とものづくり（サービスも含む）研究を行ってきた。さらに商品企画七つ道具を発展させ、総合的なクリエーション・システムとしてのメソッド、「ｍＰＳ（Marketing Pyramid Structure）理論[2][3]」を提案し、現在「ｍＰＳ理論」の実践研究を行っている。近年、このクリエーション（市場創成）研究を行えば行うほど、「無形の価値」が、顧客の求める価値の中で、重要な存在になっていることが理解できる。しかし作り手の立場になると、この「無形の価値」ほど、商品として仕上げるのに難解なものはない。そこで出会ったのが、エンタテインメント企業が創造している「エンタテインメント商品」である。[4]たとえば、ニーズの多様化が指摘されている中、宇多田ヒカルのファーストアルバム「First Love」は、累計出荷枚数が1000万枚以上という、現在も国内アルバム売上げ第1位の記録として残る大ヒット商品になっている。また、同一内容のストーリーは飽きられると言われながら、劇団四季のミュージカル「ライオンキング」は、現在18周年目（2016年6月現在）を迎え、日本最速で国内通算公演回数7000回を、2015年には、日本公演通算1万回を達成している。そして2011年6月に実施された第3回AKBの選抜総選挙の結果は、号外が出されるほどの社会ニュースになっている（第5回選抜総選挙では、日産スタジアムを満員にし、ゴールデンタイムにTVの生放送まで行われた。第6回選抜総選挙では、会場が味の素スタジアムになったが、TVの生放送は、2部構成の5時間10分で放映されるまでになっていた）。さらに、TVを見ない世代が増えたと言われる現在で、SMAPの謝罪コメントが放映された2016年1月18日の「SMAP×SMAP」では、平均視聴率が31・2％（関東地区）、その番組終了後、原因は明確にはされていないが、Twitterにアクセスできない大規模障害が発生するなど、SMAPの解散騒動は、ファンだけでなく、政界や経済界まで巻き込んだ、社会の関心事項にまでなっていた。またハリウッド映画以上の興行成績を継続して残している「ジブリ作品」など、現在エンタテインメント商品が、多くのヒット現象や社会現象をつくり上げている。

日本ではエンタテインメントを演劇や娯楽と訳すことが多いが、本来「entertainment」とは、「人をもてなすこと（モノ）、人を楽しませること（モノ）」[5]を意味するのである。そのように考えると、エンタテインメント商品は、形として見ることや触れることもできない無形財であるが、顧客の感覚・感性に刺激を与える「顧客へのもてなし」や「顧客を楽しませる」価値を提供していることになる。この観点で近年のヒット商品を考察すると、エンタテインメント要素の強い商品が多く散見され（たとえばダイエット商品としてのBILLY'S BOOTCAMPや携帯電話のiPhoneなど）、生活必需品や耐久消費財（たとえばキッチン用品のAlessi、掃除機のDyson、ななめドラム洗濯機のPanasonic、ウォーターオーブンのSHARPなど）でも、エンタテインメント要素の強い商品が、ヒット商品に多くなっていることがわかる。機能によっても異なるが、平均価格帯5000円〜8000円のヘアードライヤー商品で、Dysonは、その6〜7倍近い価格の48600円の商品（Dyson Supersonic）を市場投入できている（2016年4月現在）。

このことからも、エンタテインメント企業やエンタテインメント商品を研究することは、今後のものづくり（以上の観点から以降本書で用いるものづくりの「もの」とは、単なる有形財の物だけでなく、楽しませるもの、喜ばせるものなどの無形財の「もの」も含めてい

る）において、新たな理論やアプローチを生み出す基礎研究として、大きな意味を持つとい
え、筆者がエンタテインメント企業のジャニーズ事務所を研究し始めた意図が、理解しても
らえるのではないだろうか。

本書の研究スタイルは、「結果として生み出された出来事について、個別の状況や文脈を用いて、収益を生み出すメカニズムを、仕組みやデザインとして解明しよう」とするアプローチ[6]を取っている。さらにジャニーズ事務所のマーケティング戦略や経営について、100%精巧な設計図を作成し、世に公開することを狙いとしていない。本書の狙いは、エンタテインメント価値の創造・マネジメントに関する成功戦略の特徴や法則性の抽出であり、ジャニーズ事務所の行ったビジネスについての善し悪しを論ずるものではない。しかしながら、ジャニーズ事務所の行ってきたビジネスを体系的に整理し、ジャニーズ事務所のアーティスト達に共通的に読み取れるエンタテインメント価値の成功戦略の特徴や法則性の抽出を行うと、ジャニーズ事務所の発展が偶然に起こったことではなく、戦略によってもたらされたことがよく理解できる。だからこそ、エンタテインメント価値を活用したクリエーション（市場創成）に苦悩する企業や組織には、大いに学ぶ点が存在する。ただし、限られた情報による分析・考察であることは否めない。そこで本書で抽出した知見を、より補完するために、

一般消費者からデータを収集して、本書の考えを客観的なデータで確認している（第8章）。

そのため本書には、次の特徴がある。

① 驚異的な経営成果をあげながら、マーケティングや経営の視点では取り上げられることがほとんどなかったジャニーズ事務所を、ケーステーマに取り上げていること。

② 驚異的な経営の実態を明らかにするだけでなく、先行研究で示されている優良・永続企業の特徴や共通要件と、ジャニーズ事務所の優良要因を比較分析し、論理的にジャニーズ事務所の競争優位の戦略を導出していること。

③ ジャニーズアーティストの無形の価値を学術的に導出するとともに、調査データを用いて、その導出した価値の妥当性を検証し、エンタテインメント価値の創造・マネジメントに関する成功戦略の特徴を導出していること。

④ エンタテインメント企業の事例でありながら、今後のものづくりにおいて重要となる「無形価値の創造」について、新たな着想や、問題解決の具体的な戦術、競争戦略などを進める上で、大いに参考になること。

⑤ 誰もがよく知るジャニーズアーティストを題材に、現在のマーケティング理論やマネジメント理論の勘所を学ぶことができること。

前記の特徴を生かし、ジャニーズ事務所の競争優位の戦略を分析し、エンタテインメント価値の創造・マネジメントに関する成功戦略の特徴や法則性を抽出することで、今後のビジネスの新たな着想に役立ち、またマネジメントがしづらいと考えられていた芸能人が提供する価値を、適切にマネジメントできたことや、新たなビジネスモデルを確立していったことなど、ジャニーズ事務所のエンタテインメント価値の創造・マネジメントから、マーケティング理論やマネジメント理論に興味・関心を持ち、このような理論を楽易して学ぶ方が増えてくだされば、筆者として幸せである。よって本書は、次の方々を読者として想定しているが、ジャニーズ事務所のジャニー喜多川社長が、今の若者に夢や希望を持ってもらいたいと願ったように、本書も、これからを担う若者に、ビジネスに関する夢や希望を自ら創り出せるように、読んで役立ててもらいたいと願っている。

① 無形の価値を活用して、顧客価値を高めたいと考えている企業経営者やプロダクトマネジャー。
② 新たなアプローチによって、価値創造を行いたいと考えているプロダクトマネジャーや商品開発担当者。
③ マーケティングやマネジメントを研究する社会人や学生。
④ ベンチャー企業やエンタテインメント企業の経営者およびこれらを学ぶ学生。

⑤　マーケティング・経営の実践、ジャニーズ事務所に関心のある一般の方々。

最後に、2016年の夏、ニューヨークで多くのエンタテインメントに触れてきた。日本のエンタテイナーも負けていないと感じながらも、1つ大きな違いも感じた。それは「リズム感」である。ブロードウェイの舞台に立つスターから、レストランのショーに出演するかけ出しの若手アーティスト、街のストリートパフォーマー、地下鉄でラップを刻む老人まで、独特の優れたリズム感を感じた。パフォーマンスしている内容、場所、規模が違うのに、なぜか同じ心を揺さぶられる感動を得た。その時、ジャニーズ事務所が行っているジャニーズJr.のダンスしか行わないレッスンを思い出した。すべての芸事につながるリズム感を若いうちに育成する意図が、エンタテインメントの本場に来て理解できたような気がするとともに、ジャニーズ事務所の絶大さを再度認識した。そしてニューヨークに来ても、このように何気ない街の風景の出来事から、何気なくエンタテインメント価値を感じ取り、エンタテインメントを洞察してしまう自分がいることを考えると、本当に本研究に出会えたこと、本研究に打ち込めたことに感謝したい。

2016年8月　NYブロードウェイ44th Street にて

丸山一彦

【参考文献】

［1］神田範明編、大藤正・岡本眞一・今野勤・長沢伸也・丸山一彦（２０００）：『商品企画七つ道具実践シリーズ第1巻～第3巻―ヒットを生む商品企画七つ道具―』、日科技連出版社

［2］丸山一彦（２０１４）：「新商品企画の定式化」、『日科技連ニュース』、No.128、pp.6-7、日本科学技術連盟

［3］丸山一彦（２０１４）：「mPS 理論と創造アーキテクト人材」、『日科技連ニュース』、No.130、pp.6-7、日本科学技術連盟

［4］丸山一彦（２００９）：「ライブ・エンタテインメント商品が生み出す感性価値に関する事例研究」、『感性工学』、第8巻、第4号、pp.1099-1104、日本感性工学会

［5］A.S.Hornby（2005）：*The Oxford Advanced Learner's Dictionary*, Oxford University Press

［6］伊丹敬之・加護野忠男（２００３）：『ゼミナール経営学入門』、日本経済新聞社

目次

第 **1** 章
ジャニーズ事務所の概要

近年TVをつけると、ジャニーズアーティストを歌番組だけでなく、さまざまな番組で多く見かける。さらにジャニーズアーティストがさまざまな賞を受賞したニュースやギネス記録獲得まで多く目にする。しかし、ジャニーズ事務所の驚異的な経営実績の情報は、断片的なものが多く、全体として明確になっているものはそれほどない。

そこで第1章では、改めてジャニーズ事務所の驚異的な実績を網羅的に探り、ジャニーズ事務所の優良性を明らかにする。そしてジャニーズ事務所の中心的事業が何かを示し、過去から現在までに、どのようなアーティストが創造されたのか、その特徴を明示する。

1・1　ジャニーズ事務所の経営実績

ジャニーズ事務所は、1962（昭和37）年6月にジャニー喜多川（本名：喜多川擴）によって創業された芸能プロダクションである。[1] 2016年現在、創設から54年目（法人化してからは41年目）を迎え、多くの人気アーティストが所属する有名企業になっている。

株式非上場企業であるため、売上高などは不明であるが、表1-1に示すように興行部門の法人申告所得で、第2位とは大差をつけて2003年版~2005年版で続けて第1位になっている（2006年4月1日に「所得税法等の一部を改正する等の法律」が施行され、

表1-1　興行部門法人申告所得ランキング（100万円以下四捨五入済み）

順位	2003年版		2004年版		2005年版	
	企業名	申告額	企業名	申告額	企業名	申告額
1	**ジャニーズ事務所**	**86.3億円**	**ジャニーズ事務所**	**85.1億円**	**ジャニーズ事務所**	**71.9億円**
2	アップフロントグループ	38.0億円	劇団四季	39.1億円	劇団四季	47.1億円
3	アクシヴ	37.8億円	アクシヴ	37.9億円	読売巨人軍	32.1億円
4	吉本興業	26.7億円	アミューズ	36.7億円	アップフロントエージェンシー	31.9億円
5	劇団四季	26.4億円	アップフロントエージェンシー	36.3億円	吉本興業	26.6億円
6	ヤング・コミュニケーション	18.9億円	吉本興業	33.7億円	アクシヴ	24.9億円
7	フリーゲートプロモーション	16.0億円	アップフロントグループ	24.8億円	ライジング・プロ	19.4億円
8	ホリプロ	13.8億円	読売巨人軍	21.0億円	ホリプロ	13.9億円
9	烏龍舎	11.5億円	ヤング・コミュニケーション	17.2億円	（社）日本野球機構	13.1億円
10	アンリミテッドグループ	9.5億円	フリーゲートプロモーション	15.3億円	アップフロントグループ	9.8億円

法人税を含む公示制度が廃止されたため、2006年版より最新の公的な情報が得られなくなった。そのため2005年版のデータを最新情報として、過去3年分を示している）。[2]〜[4] 法人申告所得データが得られた最後の年の、オリコン株式会社が公表する「2005年度の年間シングル売上げランキング（歌手やタレントの人気度合いを測る1つの指標として、オリコン株式会社が公表するシングルCDやアルバムCDの売上枚数が挙げられる。）」を見ると、上位10位以内にジャニーズアーティストが3曲、上位20位以内では5曲がランキングしている（表1-2参

照[5])。法人申告所得データが得られなくなった2006年以降でこのことを比較すると、2006年度の年間シングル売上げランキングでは（表1-2参照）、ジャニーズアーティストが100位内に26曲がランキングし、上位5位を2位以外すべて独占し、上位20位以内では9曲がランキングし、2005年度を上回っている。[6]同様に2007・2008年度は上位10位内に5曲、そして2009年度には上位10位内に7曲がランキングし、1~3位をジャニーズアーティストの「嵐」が独占している。さらに「嵐」は、年間シングル・アルバム・ミュージックDVD売上げにおいても1位を獲得し、史上初の3冠による「アーティストトータルセールス2009」でも1位を獲得している（表1-3参照[7]~[9]）。このことからも、法人申告所得データが得られなくなった年以降も、ジャニーズ事務所はより発展していることが容易に推測できる。

さらに、コンサートでは、SMAPは、2012年に「Gift of SMAP」ツアーで、21公演で90万人、2014年には5大ドーム（東京ドーム・京セラドーム・札幌ドーム・ナゴヤドーム・福岡ヤフオクドーム）ツアーで、22公演で100万人を動員している。[10]なおSMAPは、コンサート会場として利用するには、厳しい審査を通らなければならない「国立霞ヶ丘陸上競技場（通称国立競技場）」で、単独公演第1号アーティストとしてコンサートを行っており、国立競技場をスポーツ以外で魅了する「国立劇場」に変えた革新者でもある。そし

表1－2　2005・2006年度年間シングルCD売上げランキング

順位	2005年度		2006年度	
	タイトル	アーティスト	タイトル	アーティスト
1	**青春アミーゴ**	**修二と彰**	**Real Face**	**KAT-TUN**
2	さくら	ケツメイシ	粉雪	レミオロメン
3	四次元 Four Dimension	Mr.Children	**青春アミーゴ**	**修二と彰**
4	＊～アスタリスク～	ORANGE　RANGE	**抱いてセニョリータ**	**山下智久**
5	SCREAM	GLAY × EXILE	**SIGNAL**	**KAT-TUN**
6	**Anniversary**	**KinKi Kids**	ただ…逢いたくて	ＥＸＩＬＥ
7	OCREAN	B' z	しるし	Mr.Children
8	ラヴ・パレード	ORANGE　RANGE	純恋歌	湘南乃風
9	**ファンタスティポ**	**トラジハイジ**	supernova	BUMP OF CHICKEN
10	GLAMOROUS SKY	NANA	タイヨウの歌	Kaoru Amane
11	お願い！セニョリータ	ORANGE　RANGE	**Dear WOMAN**	**SMAP**
12	キズナ	ORANGE　RANGE	箒星	Mr.Children
13	NO　MORE　CRY	D-51	**僕らの街で**	**KAT-TUN**
14	**BANG！BANG！バカンス！**	**SMAP**	4 hot wave	倖田來未
15	ここにしか咲かない花	コブクロ	**宙船**	**TOKIO**
16	愛と欲望の日々	サザンオールスターズ	milk tea	福山雅治
17	**友だちへ～Say What You Will～**	**SMAP**	旅人	ケツメイシ
18	Dreamland	BENNIE K	**Triangle**	**SMAP**
19	STEP you	浜崎あゆみ	SPLASH！	B'z
20	ENDLESS STORY	REIRA	**SNOW！SNOW！SNOW！**	**KinKi Kids**

※太字がジャニーズアーティスト

表1－3　2009年度年間シングル・アルバム・ミュージックDVD売上げランキング

順位	シングルCD		アルバムCD		ミュージックDVD	
	タイトル	アーティスト	タイトル	アーティスト	タイトル	アーティスト
1	**Believe**	**嵐**	**All the BEST！ 1999―2009**	**嵐**	**5×10 All the BEST！ CLIPS 1999―2009**	**嵐**
2	**明日の記憶**	**嵐**	SUPERMAR-KET FANTASY	Mr. Children	**ARASHI AROUND ASIA 2008 in TOKYO**	**嵐**
3	**マイガール**	**嵐**	塩、コショウ	GReeeeN	EXILE LIVE TOUR "EXILE PERFECT LIVE 2008"	EXILE
4	愛のままで	秋元順子	愛すべき未来へ	EXILE	EXILE LIVE TOUR 2009 "THE MONSTER"	EXILE
5	**Everything**	**嵐**	EXILE BALLAD BEST	EXILE	**SMAP 2008 super. modern. artistic.performance tour**	**SMAP**
6	イチブトゼンブ	B'z	ayaka's History 2006―2009	絢香	namie amuro BEST FICTION TOUR 2008―2009	安室奈美恵
7	**RESCUE**	**KAT-TUN**	DO YOU DREAMS COME TRUE？	DREAMS COME TRUE	**TOUR 2∞9 PUZZLE**	**関ジャニ∞**
8	ひまわり	遊助	レミオベスト	レミオロメン	**KAT-TUN LIVE TOUR 2008 QUEEN OF PIRATES**	**KAT-TUN**
9	**ONE DROP**	**KAT-TUN**	Box Emotions	Superfly	4th LIVE TOUR 2009～The Secret Code～FINAL in TOKYO DOME	東方神起
10	**急☆上☆Show！！**	**関ジャニ∞**	CALLING	コブクロ	ライブ・イン・ブカレスト	マイケルジャクソン

※太字がジャニーズアーティスト

て国立競技場は、2005年以降から、コンサート使用は年間1組だけという厳しいルール[11]ができたが、嵐は2008年から、国立競技場コンサート3組目のアーティストとして、6年連続でコンサートを行っている（2組目はDREAMS COME TRUE）。1公演7万人を動員した嵐の国立競技場でのコンサートは、2008年に2公演、2009年は3公演、2010年は4公演、2011〜2013年は2公演の合計105万人を動員している。[12]また、12月31日に行う「ジャニーズカウントダウンライブ」では、1998年から17年間、毎回東京ドームを満員にし、年末の風物詩となった文化まで創り上げている（テレビ放映は1999年から始まっており、2014年のみテレビ放映は行われなかった）。[13]もちろんその他のジャニーズアーティストも、同様にさまざまなコンサートを行っている。

次にミュージカルでは、帝国劇場最年少座長（当時21歳）として、2000年から始まった堂本光一（KinKi Kids）の「SHOCKシリーズ」は、年平均80回以上の公演を行い、2016年3月に1400回を達成し、通算250万人以上を動員している。現在ミュージカル単独主演記録第1位（2016年6月現在）を獲得している（演劇全体の単独主演は、森光子の「放浪記」に続き、第2位の記録である）。[14]世界30カ国、151都市、14言語以上で上演され、日本では上演28周年を迎える大人気ミュージカル「オペラ座の怪人」と比較すると、ファントム役を演じた高井治は、11年間で、出演2000回を達成しているが、[15]この

表1－4　滝沢演舞城、滝沢歌舞伎の公演数

年	公演名	公演数	年	公演名	公演数	年	公演名	公演数
2006年	演舞城	74公演	2010年	演舞城	52公演	2014年	歌舞伎	77公演
2007年	演舞城	42公演	2011年	歌舞伎	39公演	2015年	歌舞伎	52公演
2008年	演舞城	38公演	2012年	歌舞伎	40公演	2015年	歌舞伎	8公演（シンガポール）
2009年	演舞城	44公演	2013年	演舞城	47公演	2016年	歌舞伎	49公演

ような超ヒット作品に、ミュージカル専業として出演して、11年で2000回という数字を考えると、アイドル業を行いながら、ミュージカル主演を16年で1400回達成するということは、驚異的な数字と言える。また滝沢秀明（タッキー＆翼）が、新橋演舞場（総座席数1428席）で最年少座長（当時24歳）として2006年に始めた「滝沢演舞城」、その後、滝沢演舞城を進化させた「滝沢歌舞伎」では、表1-4に示すように、10年間で合計500回以上の公演が行われ[16]~[27]、毎回チケットは即日完売になっており、いずれ堂本光一の記録に並びそうな勢いである。歌舞伎とミュージカルを融合させるという今までにない先進的な舞台であり、現在では、滝沢歌舞伎の始まりは、春の訪れを知らせる「春の風物詩」にまでなっている。

そして映画では、表1-5に示した2014年~2015年での作品を考察すると[28][29]、年間10作品以上でジャニーズアーティスト主演映画が興行されており、そのうち半数以上が、二桁規模の億単位の興行収入を得ている。また興行収入だけでなく、2015年の第38回日本アカデミー賞では、ジャニーズアーティストの岡田准一（V6）が、

表1-5　ジャニーズアーティストの映画出演一覧（2014～2015年）

年	アーティスト名	グループ	映画タイトル	興行収入
2014年	岡田准一	V6	永遠の0	87.6億円
	生田斗真	―	土竜の唄	21.9億円
	錦戸　亮	関ジャニ∞	抱きしめたい	15.1億円
	小瀧　望 山下智久	ジャニーズWEST ―	近キョリ恋愛	11.7億円
	岡田准一	V6	蜩ノ記	11.2億円
	大倉忠義	関ジャニ∞	クローバー	9.3億円
	相葉雅紀 生田斗真	嵐 ―	MIRACL デビクロくんと恋の魔法	8.9億円
	櫻井　翔	嵐	神様のカルテ2	8.4億円
	中島健人	Sexy Zone	銀の匙	7.8億円
	関ジャニ∞ 東山紀之	関ジャニ∞	エイトレンジャー2	7.4億円
	堂本　剛 堂本光一	KinKi Kids	ラッシュ／プライドと友情（吹き替え）	6.3億円
	マリウス葉	Sexy Zone	悪魔ちゃん The 夢 ovie	6.3億円
	藤ヶ谷太輔	Kis-My-Ft2	仮面ティーチャー	4億円
	田中　聖	KAT-TUN	サンブンのイチ	3.2億円
	中間淳太 桐山照史 重岡大毅 神山智洋 小瀧　望	ジャニーズWEST	忍ジャニ参上！未来への戦い	1億円
	千賀健永	Kis-My-Ft2	バイロケーション	0.8億円
	丸山隆平	関ジャニ∞	円卓こっこ、ひと夏のイマジン	0.7億円
2015年	木村拓哉	SMAP	HERO	46.7億円
	山田涼介 二宮和也	Hey! Say! JUMP 嵐	暗殺教室	27.7億円
	二宮和也	嵐	母と暮らせば	19.8億円
	岡田准一	V6	図書館戦争 THE LAST MISSON	18億円
	香取慎吾	SMAP	ギャラクシー街道	13.2億円
	生田斗真	―	予告犯	13.1億円
	生田斗真 山田涼介	― Hey! Say! JUMP	グラスホッパー	10億円
	亀梨和也	KAT-TUN	ジョーカーゲーム	9.6億円
	玉森裕太	Kis-My-Ft2	レインツリーの国	5.3億円
	渋谷すばる	関ジャニ∞	味園ユニバース	2.7億円
	風間俊介	―	Zアイランド	0.8億円
	戸塚祥太	A.B.C-Z	恋する♥ヴァンパイア	―

※アンダーラインは主演

「永遠の０（興行収入87億円）」で主演男優賞、「蜩ノ記」で助演男優賞のダブル受賞をしている。俳優ではなくアイドルが主演男優賞を獲得したのは初であり、主演男優賞と助演男優賞の二冠も史上初であった。[30]翌年の２０１６年の第39回日本アカデミー賞でも、ジャニーズアーティストの二宮和也（嵐）が、「母と暮らせば」で主演男優賞を獲得している。

ＴＶ出演について考察すると、ニホンモニターが発表した「２０１５タレント番組出演ランキング」[31]で、２年連続で１位になったのが、６５３本に出演したジャニーズアーティストの国分太一（ＴＯＫＩＯ）であった。２位の設楽統（バナナマン）に約１００本近くの大差をつけての１位であった。そこで２０１６年５月23日（月）～29日（日）の１週間について、ジャニーズアーティストの出演番組をまとめたものを表1-6～1-9に示す。[32]この表を見るとよくわかるが、国分太一だけでなく、多くのジャニーズアーティストがＴＶ出演している。朝の情報番組から始まり、お昼の情報番組、夕方のニュース番組、夜のゴールデンタイム、深夜のバラエティーまで、ジャニーズアーティストが出ていない時間帯がないほど、出演している。またアイドル歌手でありながら、音楽・ドラマ・バラエティーなどといった演芸番組以外に、朝の情報番組の司会（ＮＨＫ総合「あさイチ」の井ノ原快彦（Ｖ６）、ＴＢＳ「白熱ライブビビッド」の国分太一（ＴＯＫＩＯ）、日本テレビ「ＺＩＰ」山口達也（ＴＯＫＩＯ）、ＴＢＳ「サタデープラス」丸山隆生（関ジャニ∞））、ニュースキャスター

（日本テレビ「news every」の小山慶一郎（NEWS）、日本テレビ「NEWS ZERO」の櫻井翔（嵐）、テレビ朝日「週刊ニュースリーダー」城島茂（TOKIO））と、従来のアイドルでは考えられない番組まで出演し、バラエティーや学習系番組でも、ほとんどレギュラーとして司会や進行役を担当している。週や月によって異なるが、この週の曜日で見ると、月・水・土は各合計で、ジャニーズアーティストは1000分を超えて出演しており、その他の曜日もこの時間に近い出演時間になっている。時間帯で見ると、19時からのゴールデンタイムでの出演時間が多く、次は朝の8時～10時までの枠が多い。ゴールデンタイムでは、多いところで、3局同時にジャニーズアーティストが出演しているものがあり、同じ放送局で、ジャニーズアーティストが出演している番組が、4～5時間続くこともある。また夏の国民的行事ともなった、日本テレビ放映の「24時間テレビ愛は地球を救う」では、ここ10年連続でジャニーズアーティストがメインパーソナリティーを担当しており、さらに、番組内のメイン企画であるスペシャルドラマの主演を見ても、ほとんどジャニーズアーティストが務めている（表1-10参照[33]）。平均視聴率も、ジャニーズアーティストがメインパーソナリティーを担当する前と比較すると、上昇しており、また安定的に高い視聴率が得られている。そしてこの番組は視聴率を得れば良いという番組ではなく、募金を集める必要があり、長年ジャニーズアーティストが24時間テレビに起用されるということは、国民に募金を訴え

アーティストの主演テレビ番組集計表（6時台～15時台）

火曜日		水曜日		時間帯
		フジテレビ 5:25-8:00 重岡大毅 （ジャニーズWEST） めざましテレビ	日本テレビ 5:50-8:00 山口達也 （TOKIO） ZIP!	6:00 ～
				7:00 ～
TBS 8:00-9:55 国分太一 （TOKIO） 白熱ライブ ビビッド	NHK総合 8:15-9:54 井ノ原快彦 （V6） あさイチ	TBS 8:00-9:55 国分太一 （TOKIO） 白熱ライブ ビビッド	NHK総合 8:15-9:54 井ノ原快彦 （V6） あさイチ	8:00 ～
				9:00 ～
				10:00 ～
フジテレビ　11:25-11:30 国分太一（TOKIO）　国分太一のおさんぽジャパン	日本テレビ 11:55-13:55 有岡大貴・八乙女光 （Hey!Say!Janp） ヒルナンデス	フジテレビ　11:25-11:30 国分太一（TOKIO）　国分太一のおさんぽジャパン		11:00 ～
				12:00 ～
				13:00 ～
TBS　13:55-15:51 森本慎太郎 （ジャニーズJr.） ゴゴスマ ～GO GO!Smile!～		TBS　13:55-15:51 森本慎太郎 （ジャニーズJr.） ゴゴスマ ～GO GO!Smile!～		14:00 ～
				15:00 ～

■：歌番組　■：バラエティ　■：ドラマ　■：学習番組　■：その他

表1－6　2016年5月23日～26日のジャニーズ

時間帯	日曜日		月曜日	
6:00～			日本テレビ 5:50-8:00 山口達也 (TOKIO) ZIP!	
7:00～	日本テレビ 7:30-9:55 中丸雄一 (KAT-TUN) シューイチ			
8:00～			TBS 8:00-9:55 国分太一 (TOKIO) 白熱ライブ ビビッド	NHK 総合 8:15-9:54 井ノ原快彦 (V6) あさイチ
9:00～		テレビ朝日9:30-10:00 横尾渉 (Kis-My-Fit2) ペットの王国ワンだランド		
10:00～				
11:00～	テレビ東京 11:25-11:55 国分太一 (TOKIO) 男子ごはん	日本テレビ 11:45-12:45 山田涼介 知念侑李 早乙女光 高地優吾 (Hey!Say!Jump) スクール革命	フジテレビ 11:25-11:30 国分太一(TOKIO) 国分太一のおさんぽジャパン	
12:00～	日本テレビ12:45-13:15 二宮和也（嵐） ニノさん			
13:00～			TBS 13:55-15:51 森本慎太郎 (ジャニーズ Jr.) ゴゴスマ ～GO GO!Smile!～	
14:00～				
15:00～				

※アンダーラインはレギュラー・主役級の出演者　■：情報・ニュース系　■：スポーツ系

アーティストの主演テレビ番組集計表（16時台～1時台）

火曜日	水曜日	時間帯
日本テレビ 15:50-16:53 小山慶一郎（NEWS） news every	日本テレビ 15:50-19:00 小山慶一郎（NEWS） news every	16:00～
	NHK総合 16:50-18:10 Sexy Zone ニュース シブ5時	17:00～
NHK Eテレ 18:55-19:25 山口達也（TOKIO） ジャニーズJr. Rの法則 / テレビ東京 18:55-20:54 丸山隆平 安田章大 村上信五（関ジャニ∞） ありえへん∞世界スペシャル	NHK Eテレ 18:55-19:25 山口達也（TOKIO） ジャニーズJr. Rの法則 / テレビ東京 18:55-21:00 増田貴久（NEWS） ソレダメ！～あなたの常識は非常識？～	18:00～
TBS 19:00-19:56 中丸雄一（KAT-TUN） 所さんのニッポンの出番！ / TBS 19:56-20:54 北山宏光（Kis-My-Fit2） 世界の日本人妻は見た！	フジテレビ 19:00-19:57 香取慎吾（SMAP） おじゃMAP!	19:00～
		20:00～
日本テレビ 21:00-22:54 小瀧望（ジャニーズWEST） 好きになった人14 恋愛下手な芸能人 勇気を出して告白SP	日本テレビ 21:00-21:54 中居正広（SMAP） ザ！世界仰天ニュース / テレビ朝日 21:00-21:54 井ノ原快彦（V6） 警視庁捜査一課9係	21:00～
NHK総合 22:25-23:00 相葉雅紀（嵐） グッと！スポーツ	日本テレビ 22:00-23:00 大野智（嵐） 小瀧望（ジャニーズWEST） 世界一難しい恋	22:00～
テレビ朝日 23:15-24:15 中居正広（SMAP） 玉森裕太（Kis-My-Fit2） 中居正広のミになる図書館	フジテレビ 23:00-23:30 TOKIO 森田剛（V6） TOKIOカケル / 日本テレビ 23:59-24:54 中居正広（SMAP） ナカイの窓	23:00～
テレビ朝日 24:15-24:45 Kis-My-Fit2 キスマイ魔ジック	テレビ東京 24:12-1:00 Hey!Say!JUMP リトルトーキョーライフ	24:00～
TBS 1:00-1:30 V6 アメージパング！	フジテレビ 1:15-2:15 Hey!Say!JUMP いただきハイジャンプ！	1:00～

■：歌番組　■：バラエティ　■：ドラマ　■：学習番組　■：その他

表1－7　2016年5月23日～26日のジャニーズ

時間帯	日曜日	月曜日
16:00 ～		日本テレビ　15:50-16:53 小山慶一郎（NEWS） news every NHK 総合　16:50-18:10 Sexy Zone ニュース　シブ5時
17:00 ～	日本テレビ　17:00-17:25 小山慶一郎（NEWS） チカラウタ	
18:00 ～	テレビ朝日　18:00-18:30 相葉雅紀（嵐） 相葉マナブ	NHK Eテレ 18:55-19:25 山口達也 （TOKIO） ジャニーズ Jr. R の法則
19:00 ～	日本テレビ 19:00-19:58 TOKIO ザ！鉄腕！ DASH! NHKEテレ 19:30-19:55 三宅健（V6） みんなの手話 フジテレビ 19:00-20:58 Sexy Zone リオデジャネイロ オリンピック バレーボール 世界最終予選	NHKEテレ 19:25-19:55 城島茂 テストの花道 ニューベンゼミ テレビ朝日 19:00-21:48 中居正広 （SMAP） 中居正広の スポーツ！ 号外スクープ 狙います 日本テレビ 19:00-19:56 森田剛 （V6） 有吉ゼミ
20:00 ～	日本テレビ　19:58-20:54 手越祐也 （NEWS） 世界の果てまでイッテQ！	NHK Eテレ 20:00-20:29 風間俊介 ハートネットTV ブレイクスルー
21:00 ～	TBS　21:00-21:54 松本潤（嵐） 99.9 刑事専門弁護士	
22:00 ～	テレビ東京　21:54-22:48 松岡昌宏（TOKIO） 堂本剛（Kinki Kids） 相葉雅紀（嵐） 安田章大（関ジャニ∞） 小山慶一郎（NEWS） イチゲンさん "おはつ" できますか？ TBS　22:00-22:54 中島健人 （Sexy Zone） 林先生が驚く初耳学！	フジテレビ　22:00-22:54 SMAP SMSP × SMAP
23:00 ～	テレビ朝日 23:15-24:10 関ジャニ∞ 関西ジャム完全燃焼 SHOW 日本テレビ 23:55-24:55 亀梨和也 （KAT-TUN） Going!Sports & News	日本テレ 23:00- 23:59 櫻井翔 （嵐） NEWS ZERO フジテレビ　23:00-23:30 Kis-My-Ft2 キスマ BUSAIKU? 日本テレビ　23:59-24:54 村上信五（関ジャニ∞） 月曜から夜ふかし
24:00 ～	フジテレビ　24:30-1:00 SMAP　ベビスマ	TBS　24:12-24:57 中居正広（SMAP） 二階堂高嗣 （Kis-My-Ft2） Momm!!
1:00 ～		

※アンダーラインはレギュラー・主役級の出演者　■：情報・ニューズ系　■：スポーツ系

アーティストの主演テレビ番組集計表（6時台～15時台）

土曜日	土曜日	その他	時間帯
テレビ朝日6:00-8:00 城島茂 （TOKIO） 週刊ニュースリーダー	フジテレビ 6:00-8:00 長瀬智也 （TOKIO） めざましどようび		6:00～
			7:00～
TBS　8:00-9:25 丸山隆平 （関ジャニ） サタデープラス			8:00～
	テレビ朝日 9:30-11:00 中間淳太 （ジャニーズ WEST） 教えて！ニュース ライブ正義の味方	（29日日曜日） BS フジ 9:30-9:55 関西ジャニーズ Jr. まいど！ジャーニィ～	9:00～
			10:00～
			11:00～
日本テレビ　12:00-13:30 伊野尾慧 （Hey!Say!JUMP） メレンゲの気持ち			12:00～
フジテレビ　13:30-14:00 関ジャニ∞ 関ジャニ∞クロニクル			13:00～
			14:00～
NHK 総合　15:05-15:49 城島茂 （TOKIO） 民謡魂ふるさとの唄		（29日日曜日） NHK-BS プレミアム　15:15-16:53 西畑大吾（関西ジャニーズ Jr.） 『あさが来た』総集編<後編>	15:00～

■：歌番組　■：バラエティ　■：ドラマ　■：学習番組　■：その他

表1－8　2016年5月27日～29日のジャニーズ

時間帯	木曜日		金曜日	
6:00～	フジテレビ 5:25-8:00 伊野尾慧 (Hey!Say!JUMP) めざましテレビ		フジテレビ 5:25-8:00 山田涼介 (Hey!Say!JUMP) めざましテレビ	日本テレビ 5:50-8:00 山田涼介 (Hey!Say!JUMP) ZIP!
7:00～				
8:00～	TBS 8:00-9:55 国分太一 (TOKIO) 白熱ライブ ビビッド	NHK総合 8:15-9:54 井ノ原快彦 (V6) あさイチ	NHK総合 8:15-9:54 井ノ原快彦 (V6) 森田剛 (V6) あさイチ	TBS 8:00-9:55 国分太一 (TOKIO) 加藤シゲアキ(NEWS) 白熱ライブ ビビッド
9:00～			フジテレビ 9:50-11:25 坂本昌行 (V6) ノンストップ!	
10:00～				
11:00～	フジテレビ 11:25-11:30 国分太一(TOKIO) 国分太一のおさんぽジャパン		フジテレビ 11:25-11:30 国分太一(TOKIO) 国分太一のおさんぽジャパン	
	日本テレビ 11:55-13:55 横山裕 (関ジャニ) 桐山照史 (ジャニーズWEST) 中間淳太 (ジャニーズWEST) ヒルナンデス			
12:00～				
13:00～	TBS 13:55-15:51 森本慎太郎 (ジャニーズJr.) ゴゴスマ ～GO GO!Smile!～		TBS 13:55-15:51 ふぉ～ゆ～ (ジャニーズJr.) 森本慎太郎 (ジャニーズJr.) ～GO GO!Smile!～	
14:00～				
15:00～				

※アンダーラインはレギュラー・主役級の出演者　■：情報・ニュース系　■：スポーツ系

アーティストの主演テレビ番組集計表（16時台～1時台）

土曜日	その他	時間帯
		16:00 ～
TBS　17:00-17:30 東山紀之 （少年隊） バース・デイ		17:00 ～
フジテレビ　18:30-19:00 玉森裕太（Kis-My-Fit2） もしもツアーズ	（27日金曜日） NHK － BS プレミアム　18:00-19:00 滝沢秀明・Kis-My-Ft2・SexyZone A.B.C-Z・ジャニーズ WEST・ ジャニーズ Jr. ザ少年倶楽部セレクションスペシャル （3月・4月・春休み SP 分再放送）	18:00 ～
TBS　19:00-21:00 Sexy Zone リオデジャネイロ オリンピックバレーボール 世界最終予選		19:00 ～
	（25日水曜日） NHK － BS プレミアム　20:00-20:59 滝沢秀明・Kis-My-Ft2・SexyZone A.B.C-Z・ジャニーズ WEST ジャニーズ Jr. ザ少年倶楽部セレクションスペシャル （3月・4月・春休み SP 分）	20:00 ～
テレビ東京 21:00-21:54 井ノ原快彦（V6） 出没！アド街ック天国		21:00 ～
日本テレビ 22:00-22:54 嵐 嵐にしやがれ NHK 総合 22:20-22:50 桐山照太 神山智洋 （ジャニーズ WEST） バナナ♪ゼロミュージック		22:00 ～
テレビ朝日　23:12-24:09 香取慎吾（SMAP） 稲垣吾郎（SMAP） SmaSTATION!!	（27日金曜日） NHK-BS プレミアム23:15-23:45 長野博（V6） 晴れ、ときどきファーム！	23:00 ～
NHK Eテレ　24:00-24:50 風間俊介 ニッポン戦後サブカルチャー史Ⅲ		24:00 ～
テレビ朝日 1:15-1:45 ジャニーズWEST ドヨルのエージェントWEST テレビ東京 1:15-1:45 A.B.C-Z ABChan-Zoo テレビ朝日 1:45-2:15 ジャニーズ Jr. 真夜中のプリンス		1:00 ～

■：歌番組　■：バラエティ　■：ドラマ　■：学習番組　■：その他

表1－9　2016年5月27日～29日のジャニーズ

時間帯	木曜日	金曜日
16:00～	日本テレビ　15:50-16:53 小山慶一郎（NEWS） news every	
17:00～		
18:00～	NHK Eテレ 18:55-19:25 山口達也 （TOKIO） ジャニーズJr. Rの法則	
19:00～	フジテレビ 19:00-19:57 嵐 VS嵐 TBS 19:00-19:56 河合郁人 （A.B.C.-Z） プレバト 日本テレビ 19:56-20:54 国分太一 （TOKIO） ぐるぐるナインティナイン	TBS　19:56-21:57 中居正広 （SMAP） 中居正広のキンスマスペシャル
20:00～	NHK総合 20:00-20:43 滝沢秀明（タッキー&翼） 京本大我（Six TONES） 林翔太（Six TONES） 鼠，江戸を疾る2	テレビ朝日 20:00-20:54 堂本剛 （Kinki Kids） ミュージックステーション
21:00～		日本テレビ 21:00-21:54 塚田僚一（A.B.C.-Z） 秘密のケンミンSHOW
22:00～	TBS　21:57-22:54 櫻井翔（嵐） 櫻井・有吉THE夜会	テレビ東京　22:00-22:54 国分太一（TOKIO） たけしニッポンの味方
23:00～		フジテレビ 23:00-23:30 菊池風磨 松島聡 マリウス葉 （Sexy Zone） 全力！脱力タイムズ TBS 23:00-23:30 森田剛 （V6） A-Studio テレビ朝日 23:15-24:15 稲垣吾郎 （SMAP） 不機嫌な果実
24:00		
1:00～	日本テレビ 24:59-1:29 NEWS 変ラボ TBS　1:00-1:30 稲垣吾郎 （SMAP） ゴロウ・デラックス	テレビ朝日 24:50-1:20 草彅剛 （SMAP） 「ぷっ」すま TBS　24:52-1:22 小山慶一郎（NEWS） 加藤シゲアキ（NEWS） NEWSな2人

※アンダーラインはレギュラー・主役級の出演者　■：情報・ニューズ系　■：スポーツ系

る、国民に募金活動を共感させるのに適した、高感度なタレントであるといえる。このように、改めて、ジャニーズアーティストのTV出演占有率を考察すると、本当に驚異的な出演状態であることがよくわかる。

さらに日本中が注目する夏季・冬季オリンピック、サッカーワールドカップ、他のスポーツワールドカップでも、表1-11に示す通り[34]〜[41]、メインパーソナリティーに多くのジャニーズアーティストが起用されている。多くの場合、元スポーツ選手が担当することが一般的でありながら、日本中が注目する一大スポーツイベントで、これだけのジャニーズアーティストが起用されることは、妙々たることである。さらに、歌い手にとっての憧れの舞台とされてきた「NHK紅白歌合戦」のここ5年間の出演者を見ると（表1-12参照[42]）、SMAP、TOKIO、嵐は5年連続で主演しており（通算でSMAPは23回、TOKIOは22回、嵐は7回出演している）、2015年では、白組出演者の中で、ジャニーズアーティストが占める割合は、約30％（25組中7組）であり、さらに白組司会者も、5年連続でジャニーズアーティストが行っており（ここ10年連続でジャニーズアーティストが紅白歌合戦の司会を行っており、通算では12回である）、SMAPは紅白歌合戦の大トリを5回も行い、歌い手が憧れたNHK紅白歌合戦も、ジャニーズアーティストがなくてはならない構成になりつつある。

最後にジャニーズ事務所の世界記録を考察すると、ギネス・ワールド・レコーズ社は、

表１−10　24時間テレビでのジャニーズアーティストの出演

年	メインパーソナリティー	スペシャルドラマ（アンダーラインが主役）	平均視聴率
2005	草彅剛と香取慎吾	草彅剛（SMAP）・中島裕翔（Hey! Say! JUMP）	19.0%
2006	KAT-TUN	亀梨和也（KAT-TUN）・山口達也（TOKIO）	17.7%
2007	タッキー＆翼	滝沢秀明（タッキー＆翼）	18.6%
2008	嵐	松本潤（嵐）	18.6%
2009	NEWS	錦戸亮（関ジャニ∞）・山田涼介（Hey! Say! JUMP）	16.8%
2010	TOKIO	長瀬智也（TOKIO）	15.8%
2011	関ジャニ∞	村上信五・渋谷すばる・横山裕・丸山隆平・安田章大・錦戸亮・大倉忠義（全員関ジャニ∞）	17.1%
2012	嵐	二宮和也（嵐）	17.2%
2013	嵐	大野智（嵐）・山田涼介（Hey! Say! JUMP）	18.1%
2014	関ジャニ∞	大倉忠義（関ジャニ∞）	17.3%
2015	Ｖ６とHey!Say!JUMP	山田涼介（Hey! Say! JUMP）・増田貴久（NEWS）・井ノ原快彦（Ｖ６）	15.4%

表１−11　オリンピック・世界大会でのジャニーズアーティストのメインキャスター・レポーター

競技	大　会　名	メインキャスター・レポーター
オリンピック	2008北京オリンピック	櫻井翔（日本テレビ）、中居正広（TBS）
	2010バンクーバーオリンピック	櫻井翔（日本テレビ）、中居正広（TBS）、井ノ原快彦（テレビ東京）
	2012ロンドンオリンピック	櫻井翔（日本テレビ）、中居正広（TBS）、国分太一（フジテレビ）
	2014ソチオリンピック	櫻井翔（日本テレビ）、中居正広（TBS）、国分太一（フジテレビ）
サッカー	2010南アフリカワールドカップ	香取慎吾（テレビ朝日）
	2014ブラジルワールドカップ	香取慎吾（テレビ朝日）、手越祐也（日本テレビ）、村上信五（TBS）
野球	2009ワールド・ベースボール・クラッシック	中居正広（テレビ朝日、日本代表サポートキャプテン）
	2013ワールド・ベースボール・クラッシック	中居正広（WBC侍ジャパン公認サポーター）
バレーボール	2011バレーボールワールドカップ	Sexy Zone（フジテレビ）
	2015バレーボールワールドカップ	Sexy Zone（フジテレビ）

表1-12　NHK紅白歌合戦出演一覧（2011年～2015年）

年	出演グループ	出演グループ数	司　会
2011年	SMAP、TOKIO、嵐、NYC	4	嵐
2012年	SMAP、TOKIO、嵐、関ジャニ∞、NYC	5	嵐
2013年	SMAP、TOKIO、嵐、関ジャニ∞、Sexy Zone	5	嵐
2014年	SMAP、TOKIO、V6、嵐、関ジャニ∞、Sexy Zone	6	嵐
2015年	SMAP、TOKIO、V6、嵐、関ジャニ∞、Sexy Zone、近藤真彦	7	井ノ原快彦（V6）

ジャニー喜多川に、「最も多くのコンサートをプロデュースした人物」「最も多くのNo.1シングルをプロデュースした人物」として、2つの世界記録を認定している。[43] 2000年～2010年までに、8419回のコンサートをプロデュースしたこと、1974年～2010年に、同事務所所属の40組以上のグループの232曲が「ナンバーワン・シングル」になったことについて、世界記録と認めている。またKinki Kidsは、1997年のデビューシングル以来、2015年までの35作品すべてのシングル曲が初登場首位を獲得しており、「デビューからのシングル首位連続獲得記録」として世界記録に認定されている。これらの世界記録についても、驚異的な数字といえる。

以上のように、音源による収入以外にも、コンサート・ミュージカル興行、TV・映画出演料、写真集・グッズの売上げ、ファンクラブ収入などを含めると、莫大な売上げが推測できる。さらにコンサート・ミュージカル興行などでは、集辺のホテル・レストラン・交通機関利用による経済効果、写真集・

グッズでは、関連する流通業界への経済効果、ファンがジャニーズアーティストに送るファンレター・プレゼント、それに付帯する郵送業界への経済効果など、社会全体への経済効果まで生み出すほどの優良企業であることが、現在もなおよく理解できる。そしてこのような効果を生み出すことのできる、人気を集める多くのアーティストを、ジャニーズ事務所は創造できていると言える。またジャニーズ事務所に所属するアーティスト数はおよそ700人程度と言われているが、その内9／10程度がジャニーズJr.（ジュニア）と呼ばれる研究生であり、主で活躍するアーティスト数から考えると、このような小さい企業規模で、この市場をこれだけ独占できることは驚異的なことである。

1・2 ジャニーズ事務所の中心事業

ヒットアーティスト創造の出発点である人材発掘においては、多くの他社が行っているスカウトやオーディションなどの一般公募は行わず、事務所に直接届く応募書類（自薦・他薦は問わない）のみで行っていく。どちらかと言えば、積極的にタレント業を切望する人材を待つという受け身の姿勢である。またその人材の中から、すぐにデビューさせるのではなく、独自の選考とレッスンをしっかりとそしてじっくりと行い、ジャニーズJr.というグループとして、既にデビューしている先輩アーティストのバックダンサーや番組アシスタント等の経験と技術を積ませ、アーティストを育成し、デビューさせる方法をとっている。

このようにジャニーズ事務所が行っている中心的業務は、アーティストの育成・プロデュース・エージェントという企画とマネジメント業務に特化し、CD作成などは、各アーティストと専属契約を結ぶ大手のレコード会社に任せ、劇場などの「ハコ物」と呼ばれる施設なども運営していなかったが、近年では、自身でレーベルを所有し、一部のジャニーズアーティストについて、CD・DVD制作や売り出しにも事業を拡大している（近年は劇場についても、いくつか運営するようになってきた）。

アーティスト創造では、男性アイドルに特化し（一時期女性アーティストが所属していた時期がある）、多くの同業他社や異業種他社が企業発展のために行う多角化戦略ではなく、あまり見られない集中化戦略をとっている。またグループでのアイドルが多いことも特徴の1つである（表1-13参照）。そしてジャニーズ事務所は、この集中化戦略の下、ジャニーズ事務所の第1号アーティストである「ジャニーズ」から、現在最も新しい（2016年6月1日現在）「ジャニーズWEST」まで、[44][45]継続してヒットアーティストを創造し、「ジャニーズ系」という用語で、消費者にイメージが想起できるほどのブランド価値も確立してきた企業である。一般的にジャニーズ事務所でのメジャーデビューとは、CD発売日を指す。その

表1-13　ジャニーズアーティストのデビュー一覧

年		アーティスト
昭和	1964	ジャニーズ（4人）
	1968	フォーリーブス（4人）
	1969	永田英二、ハイソサエティ（4人）
	1970	ジューク・ボックス（4人）
	1971	ハイスパンキー（4人）
	1972	郷ひろみ
	1973	葵テルヨシ
	1975	ジャニーズ・ジュニア・スペシャル（3人）、リトル・ギャング（2人）、豊川誕
	1976	井上純一、殿ゆたか
	1977	ドルフィン（4人）、未都由、VIP（5人）、クェッション（4人）、森谷泰章、川崎麻世
	1979	赤木さとし
	1980	田原俊彦、近藤真彦、ANKH（6人）
	1981	ひかる一平
	1982	シブがき隊（3人）
	1983	イーグルス（5人）、乃生佳之、中村繁之、The Good-bye（4人）
	1985	少年隊（3人）
	1987	光GENJI（7人）
	1988	男闘呼組（4人）
平成	1990	忍者（6人）
	1991	SMAP（6人）
	1993	SAY'S（4人）
	1994	TOKIO（5人）
	1995	V6（6人）
	1997	KinKi Kids（2人）
	1999	嵐（5人）
	2002	タッキー&翼（2人）
	2004	NEWS（9人）、関ジャニ∞（8人）
	2006	KAT-TUN（6人）、デゴマス（2人）
	2007	Hey! Say! JUMP（10人）
	2009	中山優馬 with B.I.Shadow（5人）
	2010	NYC（3人）
	2011	Kis-My-Ft2（7人）、Sexy Zone（5人）
	2012	A.B.C-Z（5人）
	2013	舞祭組（4人）
	2014	ジャニーズWEST（7人）

※カッコ内はデビュー当時の人数、年はメジャーデビュー、なお期間限定ユニットは含めていない。

ため、CD（CDが存在しない時代はレコード）発売以前から活躍していても、メジャーデビュー前の活動と扱う。

【参考文献】
［1］江木俊夫（1997）：『ジャニー喜多川さんを知っていますか』、kkベストセラーズ
［2］週刊ダイヤモンド編（2003）：「法人申告所得ランキング日本の会社ベスト7万1999社」、『週刊ダイヤモンド別冊』、7月号、p116、ダイヤモンド社
［3］週刊ダイヤモンド編（2004）：「法人申告所得ランキング日本の会社ベスト7万1076社」、『週刊ダイヤモンド別冊』、7月号、p118、ダイヤモンド社
［4］週刊ダイヤモンド編（2005）：「法人申告所得ランキング企業番付7万5314社」、『週刊ダイヤモンド別冊』、7月号、p122、ダイヤモンド社
［5］ORICON編（2005）：『オリコン年鑑2005』、オリコンエンタテイメント
［6］ORICON編（2006）：『オリコン年鑑2006』、オリコンエンタテイメント
［7］ORICON編（2007）：『オリコン年鑑2007』、オリコンエンタテイメント
［8］ORICON編（2008）：『オリコン年鑑2008』、オリコンエンタテイメント
［9］ORICON編（2009）：『オリコン年鑑2009』、オリコンエンタテイメント
［10］ジャニーズ研究会編（2016）：『SMAPアーカイブス（コンサート編）』、鹿砦社
［11］日本スポーツ振興センター編（2014）：『SAYONARA 国立競技場56年の軌跡』、朝日新聞出版

[12] Johnny&Associates編（２０１４）：『ARASHI at National Stadiun 2008-2013』、Johnny&Associates
[13] フジテレビ編（２０１５）：「2年ぶりの復活 特別企画 ジャニーズ年越し生放送16年の歴史 一気に見せますスペシャル」、http://www.fujitv.co.jp/j-countdown/
[14] 堂本光一（２０１６）：『エンタテイナーの条件』、日経ＢＰ社
[15] 日経エンタテインメント編（２０１３）：『劇団四季　オペラ座の怪人　25周年メモリアルブック』、日経ＢＰ社
[16] 日本演劇協会監修（２００７）：「２００６年全国主要劇場上演記録新橋演舞場」、『演劇年鑑２００７』、pp.68-69、日本演劇協会
[17] 日本演劇協会監修（２００８）：「２００７年全国主要劇場上演記録新橋演舞場」、『演劇年鑑２００８』、p90、日本演劇協会
[18] 日本演劇協会監修（２００９）：「２００８年全国主要劇場上演記録新橋演舞場」、『演劇年鑑２００９』、p90、日本演劇協会
[19] 日本演劇協会監修（２０１０）：「２００９年全国主要劇場上演記録新橋演舞場」、『演劇年鑑２０１０』、p74、日本演劇協会
[20] 日本演劇協会監修（２０１１）：「２０１０年全国主要劇場上演記録日生劇場」、『演劇年鑑２０１１』、p200、日本演劇協会
[21] 日本演劇協会監修（２０１２）：「２０１１年全国主要劇場上演記録日生劇場」、『演劇年鑑２０１２』、p193、日本演劇協会
[22] 日本演劇協会監修（２０１３）：「２０１２年全国主要劇場上演記録日生劇場」、『演劇年鑑２０１３』、p207、日本演劇協会

［23］日本演劇協会監修（２０１４）：「２０１３年全国主要劇場上演記録新橋演舞場」、『演劇年鑑２０１４』、p81、日本演劇協会
［24］日本演劇協会監修（２０１５）：「２０１４年全国主要劇場上演記録新橋演舞場」、『演劇年鑑２０１５』、p98、日本演劇協会
［25］日本演劇協会監修（２０１５）：「２０１４年全国主要劇場上演記録博多座」、『演劇年鑑２０１５』、p129、日本演劇協会
［26］日本演劇協会監修（２０１６）：「２０１５年全国主要劇場上演記録新橋演舞場」、『演劇年鑑２０１６』、p104、日本演劇協会
［27］日本演劇協会監修（２０１７）：「２０１６年全国主要劇場上演記録新橋演舞場」、『演劇年鑑２０１７』、p113、日本演劇協会
［28］明智恵子編（２０１５）：「２０１４年映画業界総決算」、『キネマ旬報』、No.1684、pp.66-104、株式会社キネマ旬報社
［29］明智恵子編（２０１６）：「２０１５年映画業界総決算」、『キネマ旬報』、No.1712、pp.38-85、株式会社キネマ旬報社
［30］日本アカデミー賞協会（２０１５）：「第３８回日本アカデミー賞主演男優賞・助演男優賞」、http: //www.japan-academy-prize.jp/prizes/?t=38/
［31］Nihon Monitor（２０１５）：「ニホンモニター ２０１５タレント番組出演本数ランキング」、http://www.n-monitor.co.jp/pressreiease/2015/1215.html/
［32］学研プラス（２０１６）：「５・21土→６・３金 番組表＋番組解説」、『TVLIFE首都圏版６月３日号』、No.12、pp.36-63、学研プラス

[33] 日本テレビ放送網株式会社（2016）：「24時間テレビの歴史」、http://www.ntv.co.jp/24h/history/
[34] 朝日新聞（2008）：「見やすい時間、多彩な中継―北京五輪、テレビはキャスターで個性―」、『8月4日夕刊』、朝日新聞社
[35] 朝日新聞（2010）：「NHKタレント起用 フジは選手と競技主役に―バンクーバー冬季五輪でTV各局―」、『2月2日夕刊』、朝日新聞社
[36] 角川ザテレビジョン編（2012）：「ロンドン五輪BOOK」、『月刊ザテレビジョン9月号』、No.214、pp.160-161、角川書店
[37] 角川ザテレビジョン編（2014）：「番組表」、『月刊ザテレビジョン3月号』、No.232、pp.74-76、角川書店
[38] 角川ザテレビジョン編（2010）：「サッカーワールドカップ観戦ガイド」、『月刊ザテレビジョン7月号』、No.188、pp.159-163、角川書店
[39] 角川ザテレビジョン編（2014）：「ワールドカップ2014パーフェクト番組表」、『月刊ザテレビジョン7月号』、No.236、pp.3-4、角川書店
[40] 太田省一（2015）：『中居正広という生き方』、青弓社
[41] Webザテレビジョン編（2016）：「Sexy Zoneが2大会連続バレーW杯SPサポーターに」、https://thetv.jp/news/detail/76078/428625/
[42] NHK日本放送協会（2016）：「紅白歌合戦ヒストリー」、http://www.nhk.or.jp/kouhaku/history/
[43] クレイグ・グレンディ編（2011）：「ジャニーズワールド栄光の奇跡」、『ギネス世界記録2012』、pp.45、角川マガジンズ
[44] ジャニーズ研究会編（2006）：『新版ジャニーズOB大全』、鹿砦社

［45］ジャニーズ研究会編（２０１６）：『増補新版ジャニーズ50年史』、鹿砦社

第 2 章

ジャニー喜多川の経営理念とアーティスト創造の方針

ジャニーズ事務所のアーティスト創造戦略を理解するためには、ジャニーズ事務所を設立した経緯や決意、そしてジャニー喜多川のアーティスト創造への方針を考察する必要がある。それはジャニー喜多川が、ジャニーズアーティストの発掘・教育・売出しなどを一貫して独自に行っているからである。1ヶ月に何万通と届く応募書類の中から、ジャニーズJr.の候補者を選考し、レッスンを通じて、ジャニーズJr.の中から、誰をどのようなアイドルとして、どの時期に、どのようにデビューさせ、デビュー後もどのように活動を行っていくのかなど、すべてを企画・マネジメントしているのは、ジャニー喜多川だからである。[1] よってジャニーズ事務所の原点や、ジャニー喜多川の考え方には、ジャニーズ事務所発展のキーが読み取れる。

2・1 ジャニーズ事務所の出発点

日系2世のジャニー喜多川は、終戦後の1953年に日本のアメリカ大使館軍事援助顧問の事務職員として、日本へ再来日し、「日本の子どもたちに少年本来の明るさがなく、生きる覇気が感じられない現実に衝撃を受けた[2]」ことで、「少年に夢を抱かせる」目的で、少年野球チームを結成した。ジャニー喜多川が居住する東京代々木のワシントンハイツ（現在の代々木公園内）内には広大なグランドがあり、その当時の日本の少年には、許可なく使用できないグランドの広さや美しさ、新しいグローブやバットに、多くの少年が集まるようになった。その中にジャニーズアーティスト第1号の4人（飯野おさみ、真家ひろみ、あおい輝彦、中谷良）の少年（当時中学生）がいた。この4人は、当時野球の対外試合のために、作成したユニフォームに縫いつけるチーム名がなかったため、「ジャニー喜多川の作った野球チームだから、ジャニーズというチーム名にしよう」と名づけられた野球チームの名称をそのまま受け継いだ「ジャニーズ」として、1962年に命名され、ジャニーズ事務所のアーティスト第1号となり（ただし、まだレコードは出していないので、メジャーデビューはしていない）、それと同時にジャニーズ事務所が誕生することとなった（当初は渡辺プロダクションの預かりとなっていたが、6月にジャニーズ事務所が作られ、ジャニーズ事務所のアーティストとなった）。[3] 元々ジャニー喜多川は、戦前に渡米先で父親が行っていた布教活動に、当時の日本の有名芸能人が参加し、ショーを行っていたのを間近くで見ており、エンタテインメント事業に関心が強かったと考えられる。[4] これがジャニーズ事務所を設立した経緯である。

2・2　アーティスト創造の基本方針

次に、どのような考えのもと、アーティストを創造することになったのかを考察する。ジャニー喜多川は、当時の日本の芸能界に、アメリカ的なエンタテインメント要素を一般化させたいという考えがあり、ミュージカルのできるアイドルを念頭に置いていた。これはジャニー喜多川が、アメリカでエンタテインメントに魅了され[5]、日本でもアメリカのエンタテインメントに負けない「何か」を創りたい、という強い意志が存在していたのではないかと推測する。そして歌って踊れる美少年をコンセプトとしたグループでのアイドルを考えた。当時の芸能界は、小林旭、石原裕次郎、吉永小百合などの映画スターが主流であり[6]、歌手も「御三家」と呼ばれた橋幸夫、舟木一夫、西郷輝彦が人気であった。そのため男性アイドルというカテゴリーは存在せず、また歌手は歌、ダンサーは踊りと厳格に区別されているのが当然だった時代に、歌って踊れる男性アイドルは、先進的なニッチ領域であったといえる。

さらにジャニーズアーティストの原点である「ジャニーズ」は、「兄貴的存在（飯野おさみ）」「優しい性格（真家ひろみ）」「良家の子息（あおい輝彦）」「親しみやすい雰囲気（中谷良)」の4つの異なる個性の集合体で、「理想の男の子像」を形成する戦略でグループを結成させた。つまりミュージカルをするために、単に人数を集めてグループを作成したわけではない。ジャニー喜多川には、「似たような個性は相殺してしまうため、女の子が理想として求める男の子像(アイドル)の欲求を満足させるには4人分の要素が必要[7]」という考えがあり、この考えは、一貫してその後のアーティスト創造に生かされ、単に人数を集めたグループではなく、個性の異なる集団としてのグループが創造されていった。

次に、ゆっくりと時間をかけてアーティストを創造している。候補となる人材をすぐにデビューさせるのではなく、ジャニーズJr.というグループとして、既にデビューしている先輩アーティストのバックダンサーや番組アシスタントなどの経験と技術を積ませ、育成しながらデビュー時期を模索している。ジャニー喜多川には、「本物のエンタテイナーになるには時間がかかる[8]」という考えがあり、質の高いプロフェッショナルになるまでは、主に活動するアーティストとして市場には出さないという、エンタテインメント市場(顧客)への敬意と質の高いアーティストを市場に出したいという高い志が存在すると考える。

最後に、若い時は学業優先という方針でアーティスト創造を行っている[9]。このことにより、多くの時間を芸能活動に注ぐことができなくなるため、若い時は、ジャニーズJr.というグループとして、バックダンサーや番組アシスタントなどの活動を行わせているのである。

またこのことは、エンタテイナーとしての技芸を身につけるだけでなく、学業において素養や高い見識を得ることによって、人間的な成長も必要と考えているからである。このような方針の成果は、芸能人としての技芸の高さだけでなく、人間としての魅力度アップにつながり、ジャニーズアーティストの高い好感度やさまざまなＴＶ番組からの出演依頼の多さに現れているといえる。近年では都内の有名大学を卒業、または在籍するジャニーズアーティストが増加している。

【参考文献】

［1］江木俊夫（１９９７）：『ジャニー喜多川さんを知っていますか』、ＫＫベストセラーズ
［2］小菅宏（２００７）：『「ジャニー喜多川」の戦略と戦術』、講談社
［3］ジャニーズ研究会編（２０１６）：『増補新版ジャニーズ50年史』、鹿砦社
［4］小菅宏（２０１２）：『アイドル帝国ジャニーズ50年の光芒』、宝島社
［5］西条昇（１９９９）：『ジャニーズお笑い進化論』、大和書房
［6］野地秩嘉（２００６）：『芸能ビジネスを創った男』、新潮社
［7］前掲書２
［8］前掲書２
［9］前掲書２

第3章
ジャニーズ事務所の発展と危機の歩み

第2章では、ジャニーズ事務所の原点からジャニーズ事務所発展のポイントを考察した。次はジャニーズ事務所の54年間以上行ってきたビジネスプロセスから、ジャニーズ事務所の競争優位のポイントを考察する。

54年間以上発展し続けている優良企業のジャニーズ事務所にも、何度かの危機（課題）は訪れている。明確な区分は存在しないが、本書では、ジャニーズを誕生させた時期を「①草創期」、ジャニーズやフォーリーブスが活躍し、世間にジャニーズ事務所を認知させた時期を「②躍進期」、郷ひろみが他プロダクションに移籍した以降からを「③迷走期」、たのきんトリオ（田原俊彦、野村義男、近藤真彦）、シブがき隊、少年隊、光GENJI、男闘呼組が活躍し、歌番組でジャニーズアーティストが多く登場した時期を「④全盛期」、SMAPがデビューしたが、歌番組がなくなり、アイドルの活躍する場がなくなった時期を「⑤大危機期」、その後、SMAP、TOKIO、V6、KinKi Kidsが活躍し、歌番組以外、特にバラエティー番組にもアイドルが進出し、受け入れられた時期を「⑥転換期」、嵐、タッキー&翼、NEWS、関ジャニ∞、KAT-TUNが活躍し、より個性的なアイドルが増殖し、さまざまな価値観が受け入れられた時期を「⑦発展期」、そして現在の揺るぎない多くのジャニーズアーティストの活躍と、新たな現代的アイドルを誕生させた時期を「⑧黄金期」と分け、どのような危機を、どのように対応して、優良企業へと発展させてきたのかを、

表3-1　ジャニーズアーティストのデビュー一覧

年				アーティスト
昭和	草創期		1962	ジャニーズ事務所創設
	躍進期		1964	ジャニーズ（4人）
			1968	フォーリーブス（4人）
	苦戦期		1969	永田英二、ハイソサエティ（4人）
			1970	ジューク・ボックス（4人）
			1971	ハイスパンキー（4人）
	分岐点		1972	郷ひろみ
			1973	葵テルヨシ
	迷走（芽異創）期		1975	ジャニーズ・ジュニア・スペシャル（3人）、リトル・ギャング（2人）、豊川誕
			1976	井上純一、殿ゆたか
			1977	ドルフィン（4人）、未都由、VIP（5人）、クェッション（4人）、森谷泰章、川崎麻世
			1979	赤木さとし
	全盛期	前期	1980	田原俊彦、近藤真彦、ANKH（6人）
			1981	ひかる一平
		中期	1982	シブがき隊（3人）
			1983	イーグルス（5人）、乃生佳之、中村繁之、The Good-bye（4人）
			1985	少年隊（3人）
		後期	1987	光GENJI（7人）
			1988	男闘呼組（4人）
平成	大危機期		1990	忍者（6人）
			1991	SMAP（6人）
	転換期		1993	SAY'S（4人）
			1994	TOKIO（5人）
			1995	V6（6人）
			1997	KinKi Kids（2人）
	発展期		1999	嵐（5人）
			2002	タッキー＆翼（2人）
			2004	NEWS（9人）、関ジャニ∞（8人）
			2006	KAT-TUN（6人）、テゴマス（2人）
	黄金期		2007	Hey! Say! JUMP（10人）
			2009	中山優馬 with B.I.Shadow（5人）
			2010	NYC（3人）
			2011	Kis-My-Ft2（7人）、Sexy Zone（5人）
			2012	A.B.C-Z（5人）
			2013	舞祭組（4人）
			2014	ジャニーズWEST（7人）

※カッコ内はデビュー当時の人数、年はメジャーデビュー、なお期間限定ユニットは含めていない。

「草創期の課題」、「躍進期後の課題」、「全盛期での新たな試み」、「大危機期の課題」、「転換期後の課題」、「黄金期での挑戦」の6段階に分けて考察していく（表3-1参照）。なおここでの課題とは、アーティスト創造における課題に焦点を当てている。

3・1　草創期の課題とその対応

ジャニーズ事務所の草創期の課題は、「どのようなアーティストを創造し、マネジメントすべきか」であったはずである。いくらジャニー喜多川がアメリカ育ちで、アメリカのエンタテインメントに魅了されていたとはいえ、日本のアメリカ大使館軍事援助顧問の一事務職員が、いきなりヒットアーティストを創造しなければならない課題は、大きな試練であったと考える。時代は1960年～1964年で、東京オリンピック前で、交通インフラがどんどんと整備され、オリンピック特需で景気が良く、日本のテレビ受信契約者が1000万人を突破し、カラーテレビの本放送や、NHKの朝の連続テレビ小説が開始された。若者には、タイトスカート、ショートパンツ、カントリースタイル、オリエンタル・ルックが流行し、ダッコちゃん人形、テープレコーダー、インスタントコーヒーが商品として流行した。音楽では、「ズンドコ節」「哀愁波止場」「銀座の恋いの物語」「王将」「上を向いて歩こう」

「コーヒー・ルンバ」「可愛いベービー」「ハイそれまでヨ」「高校三年生」などが流行歌となった[1]。

このような時代背景で、歌って踊れる男性アイドルという先進的なニッチ領域を考え出したことは、競合他社も含めた市場環境分析が適切に行われ、有望な市場ポジションを導出する素晴らしい市場戦略（STPマーケティング）が実践できていたといえる。さらにニッチ領域を探し出すだけでなく、ジャニーズは、ミュージカルができるアイドルという視点を持ったことで、同じ歌を歌っても、従来の歌手とは異なる独特の歌声となり、競合となる他の歌手とは差別化できる軸を創りあげていたことは、差別化戦略（ポジショニング分析）もできていたことになる。まさにマーケティング理論の基本を忠実に遂行しており、環境変化に対応しない古い常識を否定し、新しい仮説を実行できる、経営者としての強い決断力も持ち合わせている。

またジャニーズアーティスト第1号のジャニーズは、4つの異なる個性の集合体でグループを結成させている。このことがファンとなる消費者にとっては、当時の人気を集めていたスターではあるが雲のような存在であった芸能人とは異なり、ジャニーズはどこか親近感のある今までにない芸能人として新鮮に感じられ[2]、他の芸能人とは差別化され、ヒットしていったと考えられる。また自分が好むアイドルと対立するライバル芸能人とではなく、自分が好むアイドルグループ内で、どのアーティストが好きか、友達同士でアーティストを選好し合えることとは、好意的にアーティストの善し悪しが話し合えて、共感できるため、積極的にファンでなかったグループ内の別アーティストまでファンになってしまうという、ファン（消費者）心理を上手くついた方法であったといえる。それは恋人的存在のアーティストからファンになる入り口を作り、中に入ると、母親的な存在で色々な世話をして育てていきたくなるアーティストのファンにさせるという、女性の持つ二面性の心理を活用した心理マーケティングともいえる。そのため、単独で活動するケースよりも、ファンの幅が広がり、グループ全体として多くの人気を集めていったと考えられる。まさに多様なニーズに対応したターゲット・マーケティングの実践だったといえる。

このようにグループでアイドルを創造することによって、多様なニーズへの対応ができるとともに、アーティストを育成する費用対効果としてのコストも軽減させることができる。今ここにA～Cまでの3人のタレントが存在すると仮定する（図3-1参照）。タレントAには5人のファンが、タレントBには50人のファンが、タレントCには25人のファンが存在している。3人のタレントは個性が異なるため、単独でデビューするためには、異なるコンセプトのタレントとなる。そのため、これらのタレントを育成するためには、指導者、指導場所、指導方法など、それぞれに費用が発生する。しかしこの3人を1つのグループとしてデ

図3－1　タレント育成に関する費用対効果

ビューさせるのであれば、1つのコンセプトとなり、3人別々に育成するケースよりは、費用が軽減される。またデビュー後、5人のファンしか存在しないタレントAは、売上げが上がらず、育成やデビューにかかった費用を回収できない可能性が高く、最終的に市場に残る可能性が高いタレントBのみからしか、収益が得られなくなると考えられる。ところがタレントA～Cをまとめたグループでデビューさせると、ファン80人が存在することになり、このグループ（3人のタレント）は市場に残るとともに、費用回収も十分にできる。

今ここでとても単純な費用対効果を計算してみると、次のように考えられる。

①　3人のタレントを別々にデビューさせる場合

それぞれのタレントにかかる費用を100（ここでは単純に考えるため、単位の意味は考えない）とすると、3人で300になる。得られる売上げを単純にファンの数×10とすると、タレントAは5人×10＝50、タレントBは50人×10

＝５００、タレントＣは25人×10＝２５０、合計して８００である。そして費用対効果は、８００－３００＝５００となる（ただし費用回収ができないまま、タレントＡが市場から消えて行くとなると、この費用対効果はいずれもっと低くなる）。

②　３人のタレントをグループでデビューさせる場合

１つのグループにかかる費用は１００～３００未満になる（１グループにかかる費用と１タレントにかかる費用がまったく同じとは考えにくいが、同一コンセプトのグループを創造するのであるから、１グループ＝１タレントにかかる費用×タレント数とも考えにくい。そのため１００～３００未満と考えた）。得られる売上げを単純にファンの数×10とすると、80人×10＝８００である。そして費用対効果は、８００－（１００～３００未満）＝７００～５００となる。

別々にデビューさせる場合の①とグループでデビューさせる場合の②を比較すると、グループでデビューさせる方が、費用対効果が良いといえる。これは、無形財商品における大量生産方式の１つとも考えられる。

次にジャニー喜多川は、質の高いアーティストを市場に出したいという高い志を持っていたが、反面それは、時間と費用がかかるという、相反する難しい課題も抱えることになる。多くの時間と費用をかけて質の高いアーティストを育成しても、確実にヒットするという保証はなく、リスクが存在する。そこでジャニー喜多川は、ジャニーズを質の高いアーティストに育成する間、人気歌手（伊東ゆかり）のバックで黙々と踊らせることを行った（デビュー前のジャニーズの4人は代々木中学校に通う学生であり、学業を優先することを、ジャニー喜多川は親族と約束していたため[3]、さらに厳しい制約の下で、質の高いアーティスト育成の方法を考案しなければならなかった）。そのことで、人気歌手の背後にいつも必ずいる美男子として注目を集める結果となり、デビュー前までの良い広報となった。これでデビュー前でありながら、そのアーティストの人気度を推測することができ、時間や費用をかけながら、デビュー後のリスクを軽減させることもできるようになった。ジャニーズの次のヒットアーティストとなるフォーリーブス（北公次、江木俊夫、永田英二（のちに青山孝と交代する）、おりも政夫）も、この方法を用いて誕生しており、多くのジャニーズアーティストは、ヒットアーティストの後ろでジャニーズJr.としての活動を経験し、ヒットアーティストとなっている（ミュージカル「いつかどこかで」で役名だった「フォーリーブス」をグループ名にして、デビューしたフォーリーブスは、グループ名がない時は、先輩のジャニーズの後ろで踊るバックダンサーということで、ジャニーズJr.と呼ばれていた。これがジャニーズJr.の始まりである）。これは工夫したテスト・マーケティングでもあり、OJT（On-the-Job Training）の活用ともいえる。

またこのことによって、若い時は学業を優先させるという、採算を度外視した素晴らしい社会的道理（企業の社会的責任）も果たすことができている。このことを有形財商品の創造を行っている企業に置き換えると、時間とお金をかけてクォリティーの高い商品に仕上がるまでは市場に出さないという、しっかりと研究開発を行い、工程管理などの生産技術の改善といった品質管理を徹底的に行い、レベルの高いプロセス・イノベーション（商品開発）を行っているのと同じである。また社会から儲け主義に受け取られないように、企業の社会的責任も果たしながら商品創造を行うという、ソーシャル・マーケティングも実践できている。

この草創期の課題を前述したように見事に解決し、ジャニーズをヒットアーティストに導き、フォーリーブスを活躍させ、世間にジャニーズ事務所の存在を認知させた躍進期を迎えることになる。しかしジャニーズ事務所の核となる最新アーティストであった郷ひろみが、他のプロダクション（バーニングプロダクション）に移籍することになり、核となるヒットアーティストを失うことで、その後ろで、デビュー前にジャニーズJr.として活動することができなくなった。つまり郷ひろみの後に続く新たなアイドルを育成するための環境を失うことで、ヒットアーティストを創造できなくなってしまったという「躍進期後の課題」が出てきたのである。

3・2 躍進期後の課題とその対応

この課題に対しては、当初、郷ひろみに勝るアイドルの創造を行う対応で苦戦することになる。創業時のアーティスト創造の方針とは異なる、グループではない、ソロでのアイドルを多くデビューさせるが（12デビュー中7デビューがソロアーティスト）、大きな成果を得ることはできなかった。これは創業以来、ジャニーズ、フォーリーブスと立て続けにヒットアーティストを生み出したが、その後、フォーリーブスのバックでデビュー前にアーティストを育成する活動を行い、グループとしての戦略のもとデビューさせてきた、ハイソサエティ（フォーリーブスのバックバンドとして活動した後デビュー）、ジューク・ボックス（フォーリーブスのミュージカル公演で演者として活動した後デビュー）、ハイスパンキー（スクールメイトとして活動した後デビュー）がことごとく苦戦し、同様にフォーリーブスのバックで活動して、ハイスパンキーの後にデビューした郷ひろみが爆発的にヒットしたことで、ソロスタイルでのアーティスト創造に魅力が移行し、グループでのアーティスト創造に揺らぎが出てきたからではないかと推測させられ、マーケティング・マイオピア（Marketing Myopia）に陥っていたのではないかと考えられる（ただし、郷ひろみが移籍することで、郷ひろみに勝るアイドルを創造するためには、ソロスタイルでのアーティスト創造に力点が置かれるのは、当然といえば当然の戦略である)。その結果、1975年〜1979年の5年間で、豊川誕、井上純一、殿ゆたか、未都由、森谷泰章、川崎麻世、赤木さとしと、12デビュー中、7デビュー(58%)をソロアーティストで行ったが、郷ひろみに勝るほどのアイドルを誕生させることはできず、1978年には、ヒットアーティストのフォーリーブスが解散し、ジャニーズ事務所は迷走期になっていた(この期間、ジャニーズ事務所にとって初となる女性アーティスト2名に加え、先にデビューしていたジャニーズ・ジュニア・スペシャルを合わせたVIPというグループをデビューさせており、アーティスト創造の戦略にかなり苦慮していたことが読み取れる)。

このように創業時の基本方針とは異なるアーティスト創造を多く行ったことや、大切に育てあげた郷ひろみの移籍によるショックなどを考えると、迷走期であったように解釈できるが、後々のアーティスト創造の成果を考えると、アーティスト個人のどのような個性が、消費者をどのように魅了するかを敢えて実験して試していたともとらえられる。本当に郷ひろみに勝るアイドルを創造するために行ったのなら、郷ひろみに類似したタイプのアーティストだけを創造したはずである。しかし豊川誕や赤木さとしは哀愁漂う演歌歌手風であり、井上純一は歌手活動よりドラマ・映画中心活動であり、未都由はバク転などを得意とする体操系であり、唯一川崎麻世が郷ひろみに近いタイプのアーティストであった。もちろん郷ひろみに近いタイプの川崎麻世が当時のジャニーズ事務所の稼ぎ頭であり、ブロマイドの売上げも1位[4]であったが、それに続くブロマイドの高い人気を得ていたのが、井上純一や豊川誕であり、郷ひろみほどではないが、このようなタイプでも人気を得ることを実際の市場で確かめることができたことは、かなり大きな成果であったといえる。

　郷ひろみが移籍した3年後にヒットアーティストであったフォーリーブスは解散するが、郷ひろみが移籍する前後から、その人気には陰りが見えていた。フォーリーブスとしての個性は、他のタレントと比較して際立っていたが、フォーリーブス内の各個人で見ると、際立った個性はさほどなく、デビューからヒットし、多くの露出を続けた7年という歳月が、徐々に消費者の飽きを生じさせたのだと考えられる。ジャニー喜多川は、そのことを危惧して、グループとしての個性も必要であるが、グループ内の各アーティストの個性も際立たせる必要があると感じていたのではないだろうか。ジャニー喜多川は、ジャニーズ、フォーリーブスを生み出したことで、グループとしての個性を創り出す自分の方法論には一定の解を得ていたと推測する。しかしグループ内の各アーティストの個性については、まだ模索中であり、飽くなき探究心の強いジャニー喜多川は、迷走期といわれようとも、さまざまな実験をして、女性が求めるアイドル像を追究していたととらえることもできる。それは先ほど述べたが、かなり対極にふったタイプのソロアイドルを創造していることや、ソロアイドルだけでなく、ジャニーズ・ジュニア・スペシャル（男性版宝塚風）、リトル・ギャング（幼少年2人組み）、ＶＩＰ（初の女性とのユニットグループ）、クェッション（本格派バンドグループ）という個性的なグループも創造しており（表3-1参照）、闇雲に創造したというよりは、計画的にさまざまな個性を試したと考える方が、後のジャニーズアーティストの成功を説明しやすい（迷走期以降のアーティスト創造において、大きな失敗がない）。後で述べるが、この迷走期に行った実験は、大きなリスクもあったといえるが、実際の市場で試した経験と結果が、全盛期、大危機期に訪れる課題や危機への対応策に大きく役立っている。この時期のジャニー喜多川が行ったアーティスト創造は、凡人から見れば迷走としか写らないが、カリスマから見れば戦略的な実験とも見え、消費者である女性が求めるアイドル像を探すために、いい意味で迷走した「芽異創（異なる芽（個性）を創り出すめいそう）」期であったと言える。

時代は1975年～1979年で、第2次ベービーブームで、日本人の平均寿命も世界一になり、カラオケやインベーダーゲームが流行するが、1974年に起きた第1次石油危機で、景気は下降傾向になっていった。若者には、ブーツ、スニーカー、ベストが流行し、原宿には竹の子族が登場する。ウォークマン、カメラ、インスタント食品、ポテトチップス、スーパーカー消しゴムが商品として流行し、「時のすぎゆくままに」「港のヨーコ・ヨコハマ・ヨコスカ」「22才の別れ」「およげたいやきくん」「木綿のハンカチーフ」「横須賀ストーリー」「青春時代」「UFO」「ガンダーラ」「YOUNG MAN」「チャンピオン」などが流行歌となり、若者には、アイドルよりも、原田真二、浜田省吾、サザンオールスターズ、杏里、竹内まりあなどのニューミュージックが注目されるようになってきた。[5]

そこで視点を変えて、ヒットアーティストの後ろで、デビュー前にジャニーズJr.として活動する代わりに、TVドラマに出演して、新たな広報を行う方法をとった。これが、後にたのきんトリオ（田原の「田」、野村の「野」、近藤の「近」を組み合わせて）と命名される田原俊彦、野村義男（The Good-bye）、近藤真彦を、TBS系列で放映された「3年B組金八先生」に出演させたことである。「3年B組金八先生」は、学園ドラマという身近なテーマでありながら、衝撃的な社会問題を描写するドラマとして話題となり、視聴率は20％を超える大人気ドラマとなった。[6] そしてそのドラマに出演しているタレントも、同時に注目されるようになっていった。このことにより、アイドル歌手やジャニーズアーティストに関心のなかった消費者（視聴者）からも、田原俊彦、野村義男、近藤真彦は人気を集め、新たなファン層の獲得によって、歌手としてのデビュー時から大ヒットアーティストになった。これはまさにプロモーション・ミックスの変更であり、リ・ターゲット・マーケティングの実践でもある。

ジャニー喜多川は、創業時のアーティスト創造からニッチ領域を探索することに優れていたが、このような対応ができたのは、ジャニーズのメンバーであった「あおい輝彦」が、1969年に「水戸黄門」や他のドラマで俳優として活躍し、新たなファン層を獲得できたことや、[7]井上純一が多くの学園ドラマに出演し、人気を得ていたことを発見していたからである。[8]これは顧客データをきちんと構築・管理できたデータベース・マーケティングの実践ともいえる。

さらにミュージカルを念頭に置いた4人構成のグループではなく、この当時の日本で馴染みのあった3人構成のトリオにしたことにもポイントがある。男性なら御三家（橋幸夫・舟木一夫・西郷輝彦など）、女性なら三人娘（美空ひばり・江利チエミ・雪村いづみなど）と、トップ3や異なる代表的なものを示すのに、日本人は3という数字を好んで用いていた（三役、三羽烏、三本柱、三種の神器など）。高度経済成長を向かえた日本であったが、まだ社会構造的に、四番手・五番手の役割や価値を必要とする複雑な問題に出くわしておらず、さらに同一商品に対しても、多様な価値観で、4〜6種類以上のニーズを求めるような時代でもなく、3という数字が合致していたといえる（ただし現在でも、芸能分野以外に、御三家や三役、三本柱などがよく用いられていることからすると、3つを代表として用いる例え方が、日本人の風土・文化に合致しているのではないかと考えられる)[9]。これはマーケティング・リサーチの実践が適切に行えていたといえる。

ジャニー喜多川の現在の実績を考えると、1960年頃に考えた、ミュージカルもできる、歌って踊れる4人の男性グループアイドルというのは、この当時の日本では、かなり時代の先を行ったクリエーションであったととらえることができる。この当時の日本とアメリカを比較すると、エンタテインメントだけでなく、政治・経済、技術、商品など、まだまだアメリカよりも4~5年遅れている部分は存在しており、アメリカンナイズされたジャニー喜多川のクリエーションに、まだ時代が追いついていなかったとも考えられる。しかしそこでジャニー喜多川は、自分のクリエーションに驕ることなく、日本の文化・風土や時代のトレンドに合わせ、またドラマ出演をジャニーズJr.の新たな活動拠点として、柔軟に活用できたことは、いくらこの時期解決策に多くの選択肢がなかったとはいえ、躍進期後の課題への素晴らしい対応であったといえる。

そしてジャニーズ事務所はただ単に創造するだけでなく、創造するプロセスの中に、時代や消費者に適応しようとする行動も含めていたことで、各危機に対する軌道修正が適切にできている。それは、メジャーデビューをたのきんトリオとしてではなく、田原俊彦、野村義男、近藤真彦の別々にソロデビュー(野村義男のみ The Good-bye というグループで)させたことや、たのきんトリオの後には、シブがき隊、少年隊という3人構成のトリオでメジャーデビューさせたことに表れている。また適応しながら創造活動が行えたことも素晴らしい点である。たのきんトリオの活躍によって、歌が上手でないのであれば踊りや芝居、踊りが上手でないならば、楽器や歌で勝負をすれば、完璧に歌って踊れるアイドルでなくとも、消費者に魅力は伝えられることを学んでいた。丁度迷走期に行った実験で、アーティスト個人の個性も重要であり、どのような個性がどのような消費者に受け入れられるかを、実践の場で把握できたことで、たのきんトリオの各アーティストの個性を全面に打ち出すことを、自信を持ってできたのだと考えられる。だからこそ、シブがき隊や少年隊に、歌番組だけでなく、ドラマや映画に沢山出演させたり、お笑い要素やゲーム要素も加わった（もちろん歌を歌うコーナーもある）番組に出演させ、個性が出せる環境を与えていったのだと考えられる。さらにＡＮＫＨや The Good-bye という本格的なバンドグループもデビューさせていったのである。このような新しい創造活動が、後に起こる危機に対して、有効な対応策として再度役立ち、男闘呼組、ＳＭＡＰ、ＴＯＫＩＯ、Ｖ６、KinKi Kids の誕生につながっていくのである。これはマーケティングが行うべき、対市場への創造的適応活動が適切に行われているといえる。

そしてたのきんトリオに続き、シブがき隊、少年隊が同様の方法でデビューし、従来のアイドルファンに加え、アイドルファン以外の人達も獲得し、ジャニーズアーティストは、デビュー曲がいきなりシングルチャート1位（少年隊から）という驚異的な現象が起こるようになってきた[10]。このように驚異的なデビューをするヒットアーティストが多く存在するようになり、従来のヒットアーティストの後ろで、デビュー前にジャニーズJr.として活動できる環境が復活するとともに、ドラマという新たな活動環境も増やすことができた。また同時に音楽番組が全盛期を迎え、ジャニーズJr.によるアーティスト創造サイクルが一段と機能し、ジャニーズ事務所は、多くのヒットアーティストを創造する全盛期の中盤を迎えることになる。

3・3　全盛期での新たな試み

躍進期と同様の（デビュー前にジャニーズJr.として活動できる）環境が得られ、シブがき隊、少年隊が驚異的なヒットアーティストになることで、ようやくジャニー喜多川のクリエーションが、世の中に認知されるジャニーズ事務所全盛期の時代がやってきた。そこで、ジャニー喜多川の本来の目指すべきライブ感が伝わるエンタテインメントを行うようになり、1985年には、大阪ミナミの新歌舞伎座で近藤真彦を最年少座長（当時20歳）として

「森の石松」の舞台を、１９８６年には、少年隊がミュージカル「ＰＬＡＹＺＯＮＥ（23年間で通算９５７公演を行い、１３８万４６５人を動員[11]）」の舞台を始めることになる。

このように全盛期では、本来の目指すべきライブ感が伝わるエンタテインメントを行いながら、過去と同様のやり方のみにとらわれることなく、アーティスト創造の新しいやり方も、ジャニー喜多川は試みている。この方法によって誕生したのが、ジャニーズ事務所創設以来の大ヒットアーティストとなる光ＧＥＮＪＩ（内海光司、大沢樹生、諸星和己、佐藤寛之、山本淳一、赤坂晃、佐藤敦啓）である。時代は１９８５年～１９８７年で、日本の総人口が約1億２１００万人を超え、株価や地価が高騰し、安田生命がゴッホの「ひまわり」を53億円で購入したり、銀座の土地が1坪1億円を超えるなど、バブル景気の始まりにより、好景気に湧いていた。若者には、メンズＤＣブランド、シャネル、ミニスカート、ボディコンが流行し、ファミコン、おニャン子クラブ、ディスコが大流行していた。初期の携帯電話、ビデオカメラ、ワープロ、スーパーマリオブラザーズ、ドラゴンクエスト、ビックリマンチョコ、ドライビールが商品として流行し、「ジュリアに傷心」「ミ・アモーレ」「恋におちて」「飾りじゃないのよ涙は」「天使のウィンク」「CHA-CHA-CHA」「仮面舞踏会」「BAN BAN BAN」「My Revolution」「STAR LIGHT」「難破船」「君だけに」などが流行歌となった。[12]

ジャニー喜多川が試みた新しい方法は、デビューするアーティストにビックイベントのパーソナリティーを担当させ、そのイベント注目度に連動するように、デビューイベントを行っていく方法である。光ＧＥＮＪＩは、１９８７年に来日したロンドンのミュージカル「スターライト・エクスプレス」のイベントに合わせ、「STAR LIGHT」という曲でデビューしている。これは現代のコラボレーション・マーケティングにもつながる方法である。そしてデビュー前に、光とＧＥＮＪＩという別々のグループでのジャニーズJr.の活動はあったが、デビュー前に光ＧＥＮＪＩとしての活動がほとんど無い状態で、結成と同時にデビューするのは、従来にはない方式であった。

またもう1つの新しい方法は、アーティストが行うパフォーマンスの質を上げさせたことである。歌って踊れるアイドルを誕生させた時、当時のアイドルが行うパフォーマンスの質を向上させたのと同様に、光ＧＥＮＪＩではローラースケートを履いて、歌い踊り、華麗に舞うという一段と高いパフォーマンスに質を上げさせたのである。ローラースケートのパフォーマンスは、ミュージカル「スターライト・エクスプレス」にあやかって取り入れたパフォーマンスであるが、雑誌や多くのメディアにも取り上げられ、大きな社会現象にもなった。ジャニーズアーティストの従来のファンは若い女性であったが、このローラースケートのパフォーマンスによって、光ＧＥＮＪＩは中高生の男性ファンも獲得していった。そしてこのことは、迷走期にデビューした川崎麻世が、スケートボードやローラースケートが得意で、それを雑誌でアピールしており[13]、どのようなファン層に支持されるかを実験済みであったからこそできたことと考えられる。さらにシブがき隊や少年隊を、各アーティスト単独で、さまざまなドラマや映画に出演させている。グループデビュー後は、グループ単位でドラマや映画に出演することは多くあったが、各アーティストが単独で出演することは、ほとんどなかった。しかしたのきんトリオの活躍以降、各アーティストの個性も重要であることを確認し、各アーティストの個性を際立たせるためと、ジャニーズアーティストの演技力の高さも世間に認知してもらえるよう、その道を究めさせた（演技するパフォーマンスの質を上げさせた）と考える。その結果、若い女性だけでなく、1つ上の世代の女性からも評価を得るようになり、ジャニーズ事務所のアーティストは、幅広い層のファンを獲得していくことになる。これは、クリステンセンが指摘する持続的イノベーション[14]といえる。

そして最後に、別々に活動していたグループ（光とGENJI）を併せて、今までにない多人数（7人）のグループを作成していることである。これは、ステージ上をローラースケートで華麗に舞うためには、グループ構成の従来考えられていた4人程度の人数では貧弱であり、またミュージカル「スターライト・エクスプレス」に合わせるためにも、従来以上の人数が必要だったためと考えられる。しかしそのような表層的な理由のみで増加させた訳ではない。たのきんトリオの活躍から10年ほどが経過し、その間にシブがき隊、少年隊と、ジャニーズアイドルの消費経験を消費者は重ねている。消費者が求めるアイドル像も、多様なニーズを持つ時代になっており、それに対応するためには、グループの人数増加は不可欠であった。ただし、7人という多人数にまで増加させたことは、異なる7種類のタイプのアーティストを集めなければならないという難題であり、これを実現できたということは、目覚ましいことであったといえる。結果、グループの人数を増加させることで、より多様な消費者のニーズに対応することができ、また今までにないローラースケートによるパフォーマンスも合わさって、光GENJIはとても幅広いファン層に支持されることになる。そしてファンクラブは初回で50万人を超え、新人でありながら翌年に、オリコンシングル年間チャートの1・2・3位を独占し[15]、当時歌謡界最高峰の「レコード大賞」も受賞し[16]、ジャニーズ事務所創設以来の大ヒットアーティストになっていった。まさに、消費者の十人十色の価値観に対応したカスタマーフォーカス・マーケティングの実践であったといえる。

そしてこの光GENJIの活躍のお陰で、光GENJIのバックでスケートボードを操る「スケートボーイズ」や、バックで踊る「平家派」というジャニーズJr.も人気を得て、その中から後の忍者、SMAP、V6、TOKIOになる多くのヒットアーティストも育てることができた。さらに光GENJIの後にデビューした男闘呼組も、デビュー曲から4曲連続でシングルチャート1位を獲得し、その後にデビューする忍者も、デビュー曲で22万枚を売り、シングルチャート1位を獲得している。この光ＧＥＮＪＩ、男闘呼組、忍者を合わせて「少年御三家」と呼び、４日間にわたる日本武道館での少年御三家のライブは、当時の観客動員数の最高記録を塗りかえる14万４、０００人を集める大人気を得、[17] 既存のジャニーズアーティストも、田原俊彦（たのきんトリオ）、本木雅弘（シブがき隊）、東山紀之（少年隊）がドラマ出演によって、新たな年上の女性ファンを獲得し、全盛期の後期はまさにジャニーズ事務所の時代になった。

3・4　大危機期の課題とその対応

全盛期の後期から時代（１９９０年〜１９９３年）が進むにつれて、音楽からバラエティーにトレンドが変化し、ＴＶ番組の構成もバラエティー番組中心にシフトしていった。そのことで、音楽番組やドラマを中心に活躍していたジャニーズ事務所のヒットアーティストは、徐々に活動の場を奪われ、あれだけ大ヒットしていた光ＧＥＮＪＩですら、姿を消していくことになる。またジャニーズ事務所にとっては、ヒットアーティストの衰退とともに、ジャニーズJr.として音楽番組やドラマで活動するアーティスト創造が、再度できなくなるという「大危機期の課題」が現れてくることになった。

躍進期後と同様の課題が現れたが、大危機期の課題は、音楽番組やドラマでほとんど活躍ができないという、当時のアイドルの価値を発揮するのに適した場が、ほとんどなくなるという致命的な環境であったという点で大いに異なる。つまり躍進期後の課題と同じ課題であるため、同様の解決方法を取れば良いのだが、そのためには、この当時の番組編成の中心であったバラエティー番組に、ジャニーズアーティストを出演させることになる。もちろん過去に、バラエティー要素のある番組にジャニーズアーティストを出演させてはいるが、それは歌を歌うことを主としながら、バラエティー要素も一部としてある番組であった。よって歌や踊りの要素がまったくないバラエティー番組に出演させることは、歌って踊れる美男子のアイドルとして、ジャニーズアーティストの高いブランド価値を築くために、「アイドルは歌と踊りに専念しなさい」[18]とした、ジャニーズ事務所の設定した価値基準を変更しなければならないことになる。また憧れの二枚目美男子が、単純に三枚目としてバラエティーに適合するとは思えず（当時巻き起こった漫才ブームで人気者になった若手お笑いタレントが、さまざまな番組で多く活躍していた時期であり、若い女性を中心とするファンが多く存在し、漫才師がアイドル的な存在になっていた）[19]、大危機期の課題は、ジャニーズ事務所にとって重大な危機であったと考えられる。時代は1990年～1993年で、株が暴落し、バブル景気が崩壊し始めたが、国家公務員の週休二日制開始、サッカーJリーグ開幕、世界初のWorld Wide Webサイト開設、超高層ビル横浜ランドマークタワー開業、レインボーブリッジ開通など、新しい時代の仕組みや象徴が生まれ出した。若者には、ショートパンツ、超ミニスカート、ピーコート、紺ブレ、スケーター・ボーダーファッションが流行し、就職氷河期、リストラ、インターネットが話題とされることが多かった。スーパーファミコン、MDウォークマン、Windows 3.0、Gショック、エアジョーダン、カルピス・ウォーター、日清ラ王が商品として流行し、「おどるポンポコリン」「浪漫飛行」「さよなら人類」「真夏の果実」「ラブ・ストーリーは突然に」「SAY YES」「LADY NAVIGATION」「ALONE」「涙のキッス」「PIECE MY WISH」「YAH YAH YAH」「愛のままにわがままに僕は君だけを傷つけない」「負けないで」「世界中の誰よりきっと」などが流行歌となった。[20]

そこで、忍者の後にデビューしたSMAP（中居正広、木村拓哉、稲垣吾郎、森且行、草彅剛、香取慎吾）をバラエティー番組に出演させるという思い切った英断を行い、この課題に対応した。SMAPは従来のジャニーズアーティストと同様のアーティスト創造方法（デビューの3年前から、ヒットアーティストの光GENJIのバックダンサーを務め、「アイドル共和国」「桜っ子クラブ」などのTV番組にレギュラー出演し、デビュー前にはジャニーズ初の日本武道館でライブを行っていた）[21]によってデビューしたが、デビュー曲の売上げが15万枚、第2弾シングルの売上げが12万枚と、当時のジャニーズ事務所では、デビュー曲から50万枚以上の大ヒットになるのが当たり前だった常識を否定してしまう、悪い結果を残していた。それには活躍する環境が減少したことと、SMAPが今までのアイドル像とは異なるイメージを消費者から持たれていたからと考えられる。

当時のアイドルは憧れとなる理想像が創られ、その通りのイメージをファンに持たせるため、プライベートを隠し、見えないようにしていた。しかしSMAPは、TVや雑誌などで、プライベートな話題を隠さず公表し、「憧れとなる理想像」というよりは、よりファン側に近い「仲間や友人としての共感」を得ていた。[22] この特徴をジャニー喜多川は的確に洞察しており、「憧れとなる美男子」としてのアイドルから、「クラスにいる人気者」としてのアイドルのコンセプト変換（ブランドポジションの再定義）を行い、SMAPをバラエティー番組に出演させる方法をとった。当時は、アイドルがバラエティー番組に出演して、笑いを取ることとは信じられないことであり、強烈なインパクトを与えた。しかし「クラスにいる人気者」というコンセプトであれば、アイドルがバラエティー番組に出演しても、何の違和感も無かった。また当時のSMAPには、プロのお笑い芸人のようなレベルの高いお笑いは実現できなかったが、それが逆にクラスにいる人気者が行うお笑いを連想させ、コンセプト変換を良い方向へ導いていったと考えられる。

さらにバラエティー番組に出演させるだけでなく、グループのメンバーを個別に、トレンディードラマ、情報番組、司会などと、さまざまな番組に出演させていった。これは、スピンオフや社内ベンチャーをさせて、活用しているともいえる。そのことで、バラエティー番組では面白いことをして人を楽しませているが、トレンディードラマでは格好良い一面も見せ、情報番組では知的な一面も見せ、というように一段とクラスにいる人気者のイメージを、SMAPメンバーのイメージに重ね合わせていった。そして個別にアーティストをさまざまな番組に出演させることによって、このようなイメージを認知させる機会が頻繁に増え、さらに元々持っていたSMAPの仲間や友人として共感できる特徴と、クラスにいる人気者のイメージが合致したことで、SMAPのファン層は広がり、老若男女問わず人気を集める大ヒットアーティストに成長していった。そのためSMAPは、各アーティストの欠点（歌唱力やダンス力など）ですら、「クラスにいる人気者なら欠点もあって当然」と、プラスのブランド価値に変えてしまうほどの、素晴らしいコンセプト変換ができていた。そのことでSMAPは、短命といわれるアイドルの中で、常識を覆す長期的な人気を保つ国民的な大スターになっていった。現在SMAPは結成25年を迎え（2016年6月現在）、現在もなおヒットアーティスト・グループとして活躍している。ジャニーズ事務所創設以来の大ヒットアーティストとなった光GENJIですら、実働3年であったことから考えて、その8倍以上となる25年は驚異的な長さである。

以上のように、ジャニーズ事務所にとって重大な危機であった大危機期の課題を、現在の市場環境（バラエティー番組全盛）に適したアーティストの特徴を適切に把握し、ブランドポジションの再定義を適切に実行することで、見事に対応できた。この対応の裏には、従来の常識にとらわれることなく、市場が求める環境変化に対しては、自分が設定した基準さえも思い切って変更するという、柔軟な考え方と意思決定があったからだといえる。そしてその柔軟な考え方を生みだし、自信を持って意思決定できたのは、バラエティーに対する価値観の先見の明と環境変化の洞察力が優れていたためと考えられる。

歌手とお笑い芸人を比較した場合、日本ではまだまだお笑い芸人の方が、低いステータスに見られてしまう。しかしアメリカでは、大物歌手でもコメディ映画に積極的に出演するなど、お笑いをエンタテインメントとして高く評価し、ステータスも確立されている[23]。また日本の喜劇王と呼ばれたタレントを考察しても、榎本健一、坂本九、植木等、いかりや長助、堺正章など、歌手からスタートして、最終的には俳優としても大成する大スターが多い。喜劇王達のコメディな受け答えや演技、シリアスな演技の動きや間の取り方の上手さ・アンサンブルの良さは、歌手として培ったリズム感に裏打ちされているといわれている[24]。このような点についてもジャニー喜多川は理解していたと考えられる。それは、ジャニー喜多川が大好きなタレントとして「ボブ・ホープ」を挙げていることや、ジャニーズアーティストと親交が深いタレントとして「森光子」が挙がること[25]、そしてジャニーズJr.でリズム感を鍛えるために、踊りだけ徹底的にトレーニングさせていることなど、いずれコメディという場所に、ジャニーズアーティストも到達することを予期して準備していたかのようにも感じる。そして、ジャニーズアーティストがコメディに到達するその時期も、適切に感知したといえる。漫才師がアイドル的な存在になることで、若い女性を多くファンにした。そうすることで若い女性達も、理想の恋人像の要件に、「面白さ」という要素を追加し始める。このタイミングでSMAPをバラエティー番組に出演させている。また、とんねるず、ダウンタウン、ウッチャンナンチャンなどの当時大人気であったお笑いのプロ達が、これも当時大人気であった自分達の冠番組で、スタジオコントをやらなくなった時期に[26]、SMAPにスタジオコントさせている。一か八かの勝負や仕方なくSMAPをバラエティー番組に出演させたというよりも、虎視眈々とチャンスを伺いながら、期する時が来た絶妙なタイミングで戦略を実践したと、戦略の観点からはそう解釈もできる。このようにアーティスト創造について、歌って踊る、ミュージカル・TVドラマ・映画で演技する、楽器演奏する、コメディするなどの総合パッケージとして価値を考えていたとしたら、それは新商品開発マネジメントやマーケティング・マネジメントまできちんと考えられていたことになる。

このSMAPでの成功を元に、その後、多彩な方法を駆使して、TOKIO、V6は、SMAPが行ったスタジオコントではなく、バラエティー番組で体当たりロケを行い、ヒットアーティストとなっていく。さらにお笑いのメッカである関西出身者で構成した、関西弁を喋るアイドルKinKi Kidsを誕生させ、より豊富なバラエティー番組にも対応できるアーティスト体制を整え、ジャニーズ事務所は大危機期を回避していくだけでなく、発展に向けたヒットアーティスト創造も確立していった。さらにSMAPがヒットアーティストとなり、SMAPが音楽・ドラマ・バラエティーなど、さまざまな番組に出演できることで、ジャニーズJr.の活動が復活したとともに、より活動の幅が広がった。このチャンスをより生かすためにジャニー喜多川は、光GENJIでの成功プロセスを活用し、別々に活動していたジャニーズJr.グループを併せて多人数にし、ビッグイベントを活用してデビューさせていった（TOKIO、V6もジャニーズJr.時代は別々のグループで活動しているアーティストであった）。

そしてクラスにいる人気者を認知させるためには、アーティストの色々な一面を見せる必要があり、個別にさまざまな番組に出演させる必要性があった。そのため多人数の方が、バリエーションが豊富になり、露出の機会も増え、効果的効率性が高い。しかし個々で活動することで、グループの認知は希薄していく。そこでビッグイベントを活用して、個々で活動しているアーティストの集合体としてのグループを強く認知させる方法をとった（ＴＯＫＩＯは日本武道館でデビューの記者発表会を行い、Ｖ６は１９９４年12月に創設された日本のバレーボールリーグのＶリーグとのタイアップで、１９９５年日本で開催されたバレーボールワールドカップのイメージキャラクターとして、デビューイベントを行っている）。

このような方法を用いて、ジャニーズ事務所は、特にバラエティー番組にもアイドルが進出し、グループ内の各アーティストの特徴が発揮される個別活動を並列的に行うグループが受け入れられた転換期を迎えることになる。そしてさまざまな番組でジャニーズアーティストが活躍することによって、トップ企業としての地位を確立していった。しかしこのことはライバル企業のタレントとの競争が穏和になったことを意味し、目標やライバルを失うことによる各アーティストのモチベーション低下の心配が現れてきた。また時代は急速に進化しており、さまざまなエンタテインメント商品（サービスも含む）の登場により、さまざまな価値観も存在するようになってきた。その中で娯楽事業にも新たな商品が登場し、ジャニーズ事務所も、このさまざまな価値観への対応が迫られていた。これが「転換期後の課題」である。

3・5　転換期後の課題とその対応

時代は1999年〜2006年で、21世紀に突入し、さまざまな経済政策によって、景気は回復傾向になった。東京ディズニーシーやユニバーサル・スタジオ・ジャパンが開園し、六本木ヒルズや表参道ヒルズもオープンし、着メロ・待ち受けなどのｉモードがブームとなり、ＧＬＡＹの幕張メッセでの記録的な20万人ライブが話題となった。若者には、厚底靴、フォークロア、ローライズ・ジーンズ、ミュール、巻き髪、ユニクロが流行し、ＩＴ革命、ブロードバンド、格差社会、メタボが話題とされることが多かった。プリウス、プラズマテレビ、携帯電話、パソコン、Wii、ニンテンドーＤＳ、プレイステーション・ポータブル、iPod、ヘルシオ、伊右衛門、クリスピー・クリーム・ドーナツ、花畑牧場生キャラメル、アジエンスが商品として流行し、「だんご三兄弟」「Winter again」「Automatic」「ＬＯＶＥマシーン」「HEVEN'S DRIVE」「ＴＵＭＡＭＩ」「桜坂」「らいおんハート」「ちょこっとＬＯＶＥ」「世界に一つだけの花」「さくら」「瞳をとじて」「Real Face」「粉雪」「青春アミーゴ」「抱いてセニョリータ」「純恋歌」などが流行歌となった。[27]

この頃のファンのさまざまな価値観への対応は、より個性の種類を増やしたアーティストを集め、多人数のグループ構成にしたことである。さらに個性の異なるアーティストでグループを作成するだけでなく、そのグループ自体にも個性（コンセプト）を与え、グループとしての個性の異なるいくつかのグループを作成したことである。嵐（5人）、NEWS（9人）、関ジャニ∞（8人）、KAT‐TUN（6人）は、メンバー数も多く、しかもグループ内では、誰一人個性が重なることのない、個性のバリエーションが広がったアーティスト達で構成されている。また嵐は「SMAPの後継」、NEWSは「さわやか王子様系」、関ジャニ∞は「おもろ格好良い系」、KAT‐TUNは「ワイルドセクシー系」アイドルとしてのコンセプトがイメージされ、グループ間でも個性の異なりを適切に実現できたグループを創造できている。このようなバラエティー豊富なアーティストやグループを創造することによって、スケールメリットが得られるとともに、どこかのアーティストやグループが不調になっても、どこかのアーティストやグループでカバーできるというリスクマネジメントができることになる。そしてこのようなことができるということは、アーティストやグループ創造において、戦略的に分野間ポートフォリオが適切に描けているのだと考えられる。これで多くの選択肢の中から、消費者（ファン）の価値観に合うアーティストやグループを、時には、季節によって、状況によって、トレンドによって、ファンにさまざま選択できるようにし、多様な価値観に対応した。このことを有形財商品の創造を行っている企業に置き換えると、TPOに合わせた商品選択を可能にさせる、豊富で充実した品揃えを行っていることや、身につける物や購入するさまざまな商品を、すべて自社の同一ブランドで購入させていることに値する。それは男性アイドルタレントにおけるコングロマリットの完成ともいえる。

次に目標やライバルを失うことによる各アーティストのモチベーション低下への対応は、異なるグループ間のシナジー効果を発揮させながら、グループ間で自然体に競い合わせる環境や意識を作り上げたことである。NEWS、関ジャニ∞、KAT-TUNのファンクラブは、「You&J」という合同の形を取っていた。NEWSのファンであっても、You&Jに入れば、関ジャニ∞やKAT-TUNのファンクラブに入ったことになる。そのため合同のイベントなどが多く、共に協力し合うとともに、切磋琢磨するライバル意識も自然と芽生えてくる。また目の前で他のグループのパフォーマンスを見ることができ、そのパフォーマンスに対するファンの反応もダイレクトに知ることができる。他のグループが行うエンタテインメントの技術、知識、やり方などは、大いに参考になるものとして、グループ間シナジー効果に役立つ。

また他グループのアーティストとのユニットやコラボレーションも行わせている（J-FRIENDS、トラジ・ハイジ、修二と彰、GYMなど）。各グループにコンセプトがイメージされたため、そのコンセプト内に収まらない、各アーティストの個性を発揮させるために、このようなことを行わせている。固定化されたイメージの定着によって、ファンに飽きが来ないようにさせ、また元のグループに戻った時に、新たなコンセプトの形成や、進化・革新への動機づけを促す効果を狙っていると考えられる。このようなグループ間シナジー効果を活用して、各グループ、各アーティストが行うエンタテインメントの創造やモチベーションの向上が生まれていると考えられる。

以上のように、転換期後の課題に対応し、ジャニーズ事務所は、嵐、タッキー&翼、NEWS、関ジャニ∞、KAT-TUNが活躍し、トップ企業でありながらも、より発展していく「発展期」を迎えた。さらに、多くの既存のジャニーズアーティストがロングセラーとなり、ライバルの存在しない揺るぎない地位を確立しながらも、新たな現代的アイドルを誕生させ、ヒットさせていく黄金期がやってくることになる。

3・6　黄金期での挑戦

時代は2010年〜2014年で、2008年に起こったリーマンショックの影響を全世界的に引きずったまま、2011年に東日本大震災が発生し、経済的に不況状態だけでなく、社会全体が暗い雰囲気に包まれていた。その中で、任天堂のニンテンドー3DSや

Apple社のiPhone6が発売され、渋谷ヒカリエ、東京スカイツリー、あべのハルカスが開業するなど、ヒット商品の次世代機や新しい商業施設が誕生している。2011年にTVは地上デジタル放送に完全移行し、2014年には、消費税が5%から8%に増税されている。若者には、オールインワンロンパース、ブーサン、サルエルパンツ、黒ぶちメガネ、ハイウエスト、オフショルダーが流行し、女子会、3・11、オリンピック招致が話題とされることが多かった。食べるラー油、プレミアムロールケーキ、Facebook、LINE、コンビニコーヒー、アナと雪の女王、妖怪ウォッチが商品として流行し、「ヘビーローテーション」「Troublemaker」「Monster」「ポニーテールとシュシュ」「Love Rainbow」「Dear Snow」「フライングゲット」「迷宮ラブソング」「FaceDown」「恋するフォーチュンクッキー」「EXILE PRIDE」などが流行歌となった。[28]

黄金期では、多くの既存のジャニーズアーティストがロングセラーし、さまざまなジャンルでもヒットすることになる。アイドルは短命といわれながら、この期間にSMAPは20周年、嵐は15周年を迎え、第1章で示したように、多くの大ヒット曲を量産し、コンサートでも多くのファンを動員している。また個別にも、ドラマ・映画、バラエティー番組や司会、ニュースキャスターまで幅広く活躍し、SMAPと嵐はNHK紅白歌合戦の常連司会者にまでなっている。このようにジャニーズ事務所にとっては、幅広いファン層から支持が得られる「国民的アイドル」にまでSMAPと嵐を育て上げ、安定的でしっかりした柱を2本立てたことになる。万人受けするグループを創造できたことは、マス・マーケティングにも対応できている。さらにここに肉づけをしていくかのように、TOKIO、V6、Kinki Kids、タッキー&翼、NEWS、関ジャニ∞、KAT-TUNは、それぞれの魅力に特化した道で活躍させている。TOKIOの国分太一や山口達也、V6の井ノ原快彦は朝の情報番組をはじめ、多くのTV番組に出演しており、国分太一は、2014タレント番組出演ランキングで1位を獲得している。そしてV6の岡田准一は映画界に進出し、日本アカデミー賞初となる、主演男優賞と助演男優賞の二冠を獲得している。またKinki Kidsの堂本光一、タッキー&翼の滝沢秀明は、ミュージカル主演で多くのファンを動員し、堂本光一はミュージカル単独主演記録を更新し続けている。最後に、NEWSの小山慶一朗はニュースキャスター、同じくNEWSの加藤シゲアキは小説家（処女作「ピンクとグレー」は40万部の売上げ）、KAT-TUNの亀梨和也はスポーツキャスター、関ジャニ∞の村上信五、横山裕はバラエティー番組と、それぞれのアーティストが各個性の色を発揮できていることによって、ジャニーズアーティスト全員が多彩な才能を持っているように感じられる。

このように黄金期では、ほとんどライバルがいなくなった状態で、自分との戦い（自己記録更新等）、その道のプロ（報道、司会業、舞台役者、映画俳優など）との戦いを、時間をかけて挑戦させている。また近年注目を浴びて活躍しているアーティストを考察すると、グループ内にいるとあまり目立たない、どちらかというと三番手、四番手の役割（役割とは、CDジャケット、ポスター、TV出演などの時の立ち位置を意味し、センターと呼ばれる真ん中に位置するのが一番手の役割である）となるアーティストが多い（国分太一、井ノ原快彦、小山慶一朗等）。日本は20年近い長引く不況の中、大きな目標や爆発的な発展が望めない、又は望まない社会構造になっていった。このような現代だからこそ、組織の中では目立たないが、それぞれの個性を発揮し、自分の役割を創り出していく、三番手、四番手の役割や価値が求められるのだと考えられる。それをジャニー喜多川は察知して、この黄金期に、増殖した各アーティストに、さまざまなジャンルに挑戦させ、自分に適した存在価値を創り出させているのだと考えられる。だからこそ、グループ内であまり目立たない存在のアーティストも大活躍することで、短命と言われるアイドルグループを、これほどのロングセラーにできているのだといえる。さらに万人受けするSMAPや嵐とは異なる、個性的な好みへの対応もできることになり、コアファンを獲得できた共創マーケティングができているといえる。

次に黄金期にデビューさせたグループを見ると、Hey! Say! JUMP、Kis-My-Ft2、Sexy Zone、A.B.C.-Z、ジャニーズWESTと、現代的といえるアイドルを誕生させている。

Hey! Say! JUMPは、グループメンバーが平成生まれで、世代の異なるユニットを組み合わせている。Kis-My-Ft2は、ジャニーズJr.時代に、SMAP以外のすべてのグループのバックを務めたという、下積みの長い、結成から6年をかけてデビューしたグループである。Sexy Zoneは、デビュー時の平均年齢が14・2歳という、ジャニーズ事務所の中でも歴代最年少デビューグループであり、ドイツ人とのハーフもメンバーに加えた今までにないグループである。A.B.C.-Zは、アクロバットを得意とするグループで、その良さが発揮されるように、ジャニーズ事務所初のDVDでのデビューとなったグループである。ジャニーズWESTは、関ジャニ∞以来となる、10年ぶりの関西出身者のグループである。

これらのグループの評価は、ジャニーズアーティストらしくないアイドルがデビューしたといわれることが多いが、ジャニー喜多川は、新たな挑戦をしているのだと推測する。それは既存のヒットグループの各アーティストに三番手、四番手の役割や価値を体現させているのと同じように、今度は七番手、八番手の役割や価値まで示めそうとしているのではないかとも感じる。それは、黄金期にデビューさせたグループは、ジャニーズアーティストらしいアイドルとして、まだまだ完成されていない状態で、デビューさせていると感じる。AKB48グループを始め、現在は大多数グループの女性アイドルが人気を独占している。完成したアイドルより、完成されていないアイドルをファン達が育てていく、そのようなアイドルが求められる時代である。[29]またＡＫＢ48グループでは約３７４人近いタレント（２０１６年２月現在）がグループを構成しており、七番手、八番手の役割を担当するタレントでも、大きく注目されるメンバー構成になっており、このようなＡＫＢ48グループやEXILEグループ（E-girlsなども含む）の注目度が高まれば高まるほど、我々も無意識に、七番手、八番手の役割や価値を理解し始めていったと考える。またＳＮＳやYouTubeなど、ファンが七番手、八番手の役割を担当するアイドルを育てるためのＩＣＴツールが現在は豊富に存在する。このような現在の流れやＩＣＴツールをジャニー喜多川は把握しており、この現代にあった新しいジャニーズアーティストを創造していると考えられる。それはKis-My-Ft2から派生してデビューした「舞祭組」を見るとよくわかる。舞祭組というグループは、Kis-My-Ft2でソロ活動やテレビ出演の少なかった４人で構成されたグループである。Kis-My-Ft2の他の３人と比較して、衣装も地味で、ダンスフォーメーションも後ろばかりという、本当にグループ内では目立たない存在のメンバーであり、七番手、八番手の役割を担当する、ジャニーズアーティストらしいアイドルとしては未完成なアーティストである。しかしこの４人を起用してデビューした舞祭組は、デビューシングルが約20万枚、セカンドシングルも約12万枚のセールスをあげており、このようなタイプのアイドルを、多くの消費者が求めていることも分かる。また Hey! Say! JUMP、Kis-My-Ft2、Sexy Zone、A.B.C.-Z、ジャニーズWESTは、ジャニーズアーティストらしくないアイドルと評価されながらも、多くのファンから支持を受ける人気グループになっている。このような結果を考察すると、顧客との協働で価値を創造する協働マーケティングや、顧客をじっくり育てるオーガニック・コミュニケーション・ミックスが実践できているといえる。

以上のように、ほとんどライバルも存在しない黄金期でも、ジャニーズ事務所のアーティスト創造には、発展・成長への余念がない。ジャニーズ事務所は、2013年に50周年を迎え、その存在は、この市場で大きく君臨し、絶対的なものでありながら、これからの環境に適した新たなアーティスト創造が今なお続いている。

【参考文献】

［1］Media View（1999）：『売れたものアルバム1946―1999』、東京書籍
［2］矢崎葉子（1996）：『ジャニーズ輪廻論』、太田出版
［3］小菅宏（2007）：『「ジャニー喜多川」の戦略と戦術』、講談社
［4］前掲書2
［5］前掲書1

〔6〕古沢保、ザテレビジョン編集部（2004）：『3年B組金八先生25周年記念メモリアル』、角川書店
〔7〕前掲書3
〔8〕鹿砦社編（1998）：『ジャニーズの欲望』、鹿砦社
〔9〕畑田国男・加藤清志（1993）：『3の秘密―日本人はなぜ数字の3が好きなのか』、PHP研究所
〔10〕ジャニーズ研究会編（2016）：『増補新版ジャニーズ50年史』、鹿砦社
〔11〕スポーツニッポン新聞社（2008）：「少年隊 舞台「プレゾン」23年で卒業」、『4月28日号』、スポーツニッポン新聞社
〔12〕前掲書1
〔13〕前掲書2
〔14〕Christensen, Clayton M.（1997）：*The Innovator's Dilemma*, Harvard Business School Press
〔15〕日外アソシエーツ編集部編（2008）：「1988年（昭和63年）」、『日本芸能事典』、p363、日外アソシエーツ株式会社
〔16〕日外アソシエーツ編（1990）：「日本レコード大賞」、『音楽・芸能賞事典』、p263、日外アソシエーツ株式会社
〔17〕前掲書2
〔18〕天馬飛呂志（2002）：『不滅のアイドル王国』、ブックマン社
〔19〕木村政雄（2000）：『笑いの経済学』、集英社
〔20〕前掲書1

[21] 前掲書3
[22] 前掲書3
[23] 西条昇（2004）：「ジャニーズ事務所のお笑い戦略」、『東京人』、No.204、pp.80-83、都市出版
[24] 西条昇（1999）：『ジャニーズお笑い進化論』、大和書房
[25] 前掲書24
[26] 前掲書24
[27] 講談社編（2011）：『暮らしの年表』、講談社
[28] 後藤武士（2014）：『読むだけですっきりわかる平成史』、宝島社
[29] 田中秀臣（2010）：『AKB48の経済学』、朝日新聞出版

第 4 章

ジャニーズ事務所の競争優位の特徴

4・1　ジャニーズ事務所の競争優位

第3章で考察したように、さまざまな環境変化が生ずると、その時点で良好な経営を行っているジャニーズ事務所でさえも、何度でも危機に陥っている。これはどの企業にも通じることであり、この危機を必ず乗り越えなければ企業の発展はあり得ない。このような危機を何度も適切に乗り越えることができたジャニーズ事務所の競争優位は、次の6点に集約できる。

①「歌って踊れる」新しいアイドルの確立
②アイドル像の適切な拡張
③アイドルアーティストのイノベーション
④個性の異なる集合体の創造
⑤ジャニーズJr.というアーティスト創造方法
⑥各時代に求められるアーティスト・グループの創造

①の「歌って踊れる」新しいアイドルの確立は、歌って踊れるアイドルというニッチ領域を探し、その市場を確立したことで、他社の追随を受けず、競争優位を得られている。②の

アイドル像の適切な拡張は、ジャニーズアーティストは、歌うだけでなく踊れ、踊れるだけでなく芝居もでき、芝居だけでなくバラエティーもこなすなどと、活動できる領域を拡張し、市場規模を拡大できている。しかもアイドル像の再定義を適切に行い、市場に受け入れられる矛盾のない拡張ができている。③のアイドルアーティストのイノベーションは、最初に、歌って踊れるアイドルという小さい市場であるニッチ領域から入り、タレントに歌だけを求める、または踊りだけを求める大きな市場のローエンドで求められる性能レベルであったジャニーズアーティストに、持続的なイノベーションを行い（この性能レベルを向上させ）、やがて破壊的なイノベーション（タレントに歌だけを求める、または踊りだけを求める大きな市場のハイエンドで求められる性能レベルにジャニーズアーティストが到達することで、専業とする歌手、ダンサー、俳優、お笑いタレント、TVの司会者などよりも、ジャニーズアーティストが選好されること）を起こし、破壊的新規事業を実現させている。[1] このことで、新たな成長を生み出す事業が築けており、持続的な成長が得られている。④の個性の異なる集合体の創造は、女性の求めるアイドル像の飽くなき探究であり、多様なニーズに対応できている。⑤のジャニーズJr.というアーティスト創造方法は、確実にそして継続的にヒットアーティストを創造する仕組みができているということである。またヒットアーティストが誕生するごとに、ジャニーズJr.というアーティスト創造方法が広がり、ヒットアー

表4－1　ジャニーズ事務所の競争優位と優良要因の関係

	競争優位の特徴		優良企業である要因
①	「歌って踊れる」新しいアイドルの確立	→	ニッチな市場で独占を得ている
②	アイドル像の適切な拡張	→	市場規模を拡大できている
③	アイドルアーティストのイノベーション	→	新たな成長を生み出す事業が築けている
④	個性の異なる集合体の創造	→	多様なニーズに対応できている
⑤	ジャニーズJr.という アーティスト創造方法	→	継続的にヒットアーティストを創造する 仕組みができている
⑥	各時代に求められる アーティスト・グループの創造	→	市場に対する創造的適応活動ができている

ティスト創造のスパイラルが形成される。⑥の各時代に求められるアーティスト・グループの創造は、グループとしての個性が求められる時代、各タレントの個性が求められる時代、バリエーション豊富なグループが求められる時代、コメディもできるタレントが求められる時代、三番手、四番手の役割を担うタレントが求められる時代など、各時代背景の特徴によって生まれてくる消費者ニーズまで対応できており、市場に対する創造的適応活動ができている。

以上のように①～⑥のジャニーズ事務所の競争優位の特徴によって、ジャニーズ事務所の優良性が導かれている（表4－1参照）。

4・2　3つのマネジメント力の優秀性

さらにジャニーズ事務所には、この競争優位の下支えとなる事業活動、情報、意思決定における次の3つのマネジメントが堅実に行われている。

① 事業活動におけるPDCAサイクルを適切に回し続けている

② 長けた情報収集・整理・分析・洞察による体系化されたデータベースの構築

③ 相反する課題の実現

①の事業活動におけるPDCAサイクルを適切に回し続けていることによって、今までにない新しい提案や方法が考えられたり、信じられない思い切った意思決定ができている。たのきんトリオをドラマに、SMAPをバラエティーに出演させたことなども、PDCAを適切に回し続けていなければできなかったことである。また広報の仕方が優れているのも、PDCAが明確にその手段や到達点を指し示しているからだと考える。またPDCAサイクルを回すごとに、次のPには新しいやり方や提案が組み込まれている。つまりただ回すだけでなく、事業活動の質を向上させようとしており、この繰り返しを行っているジャニーズ事務所のビジネスは、必然的に上昇サイクルになる。さらにPDCAも一度回すだけでなく、回し続けていることが長けたところであり、それが「歌って踊れるアイドル」「クラスにいる人気者」などの新しいアイドルイメージの確立や、ジャニーズ系という言葉から、容姿やイメージまでも想起させる適切なブランドマネジメントに繋がっている。

そしてジャニーズ事務所のPDCAサイクルを支える原動力が、②の長けた情報収集・整理・分析・洞察能力で、これを体系化したデータベースにしていることが優れている点である。そのため何か危機が生じても、その危機に対応するための対策が、データベースを有効活用して適切に導出されている。特にジャニーズ事務所の優れているところは、危機が生じてから情報収集・整理・分析・洞察などを行うのではなく、日々このことが行われ、データベースが構築されていることによって、危機対応への処理が早く、環境変化に素早く反応できることである。しかしこのことは残念ながら、ジャニー喜多川の頭の中だけで実現されていることであり、組織システムとして実現できているとはいい難い。よってこのようなカリスマ経営者のみに依存しないためにも、この仕組みを企業内に組み込む必要がある。

最後に③の相反する課題の実現によって、費用を軽減させながら生産性を向上させることができている。「質の高いアーティストを創造するためには、時間とお金がかかる」「学業を優先させるためには、ヒットするための芸能活動時間が制限される」「個々での活動を拡大すると、グループの認知が希薄する」などという、相反する課題を両解決することで、生産性を上げながら、時間やコストを軽減でき、他社の追随や模倣を困難にさせている。

以上のように、ジャニーズ事務所は、「準備万端」「チャレンジ志向」という経営体質を生かし、環境変化へ柔軟に対応している。[2] また芸能ビジネスは、才能や技芸と呼ばれる特殊な総合芸術を価値として提供するため、マネジメントがしづらいと考えられていたが、ジャニーズ事務所は管理方法が優れており、適切に創造活動をマネジメントできていると考察できる。そしてこれだけの素晴らしい経営ができるのは、前述で考察してきた、仕組みや方法論が優れているだけではなく、「日本でも、アメリカのエンタテインメントに負けない何かを創りたい」や「日本の少年に夢を抱かせたい」という、壮大なる夢や希望を経営者が持ち続けているからだと考えられる。

【参考文献】

［1］Christensen, Clayton M.（1997）: *The Innovator's Dilemma*, Harvard Business School Press

［2］丸山一彦（２０１１）:「ジャニーズ事務所のビジネスシステムに関する研究」、『和光経済』、第43巻、第2・3号、pp.55-75、和光大学社会経済研究所

第5章

優良企業に備わる要件とジャニーズ事務所の比較

第5章では、第4章で導出されたジャニーズ事務所の優良要因を、さまざまな年代、海外・国内のさまざまな企業を対象に行われた優良企業に関する先行研究と比較分析し、優良企業に備わる共通要素が、ジャニーズ事務所にも存在するのか考察する。

5・1 超優良企業の研究との比較

PetersとWatermanは、「周囲のあらゆる変化に器用に対応し、創造的な市場価値のある新しい製品ないしサービスを大組織で開発していく能力がとくに秀でた企業」を「超優良企業（エクセレント・カンパニー）」と定義し、超優良の基準を満たす企業を調査・研究した[1]。そこで超優良企業には、表5-1に示す8つの基本的特質が用備されていることを導出している。この8つの基本的特質とジャニーズ事務所の優良要因を考察すると、共通する要素が多いことがわかる。

①は、ジャニーズ事務所も、従来にない戦略やアイデアを考案するのみに留まらず、それを常に実行している企業であり、またジャニーズJr.というアーティスト創造方法は、まさにさまざまな実験の場とも考えられる。

②については、ジャニーズ事務所は、女性の求めるアイドル像の飽くなき探求を行い、多

表5－1　超優良企業の特徴

	基本的特質	詳　細
①	行動の重視	超優良企業は行動重視型で「とにかく動いてみる」という特徴があり、実験精神が企業文化として存在している。
②	顧客に密着する	超優良企業は常に顧客の声に耳を傾け、将来のニーズまで考え出せるほど顧客に密着する特徴がある。また顧客に密着することで、ニッチ領域を探すことが上手であったり、商品の品質への強いこだわりを持つ特徴がある。
③	自主性と企業家精神	超優良企業はイノベーション（革新性）へのたゆまざる努力を行う特徴がある。
④	ヒトを通じての生産性向上	超優良企業は従業員を大切にする特徴があり、その上で従業員の成果や結果について、社内に情報を広く公開し、比較させることによって、ヒトを通じての生産性を向上させている。
⑤	価値観に基づく実践	超優良企業は自らの位置（価値体系や経営理念など）を明確に認識し、価値観形成の過程を真剣に考えている特徴がある。
⑥	基軸から離れない	超優良企業は本業を重視し、本業以外でやってはいけないことが何かを理解している特徴がある。
⑦	単純な組織・小さい本社	超優良企業は本業を重視し、拡張しないことで、単純で小さい組織になる特徴がある。そのことでスピーディーな意思決定や情報伝達ができ、行動重視型や価値観に基づく実践ができている。
⑧	厳しさと穏やかさの両面を同時に持つ	超優良企業は、一方で厳格に管理しながら、同時に一般社員が自主性、企業家精神、革新性の気運を発揮できる環境が整えられている特徴がある。

様なニーズに対応しており、適切に顧客に密着できている。また「歌って踊れる」という新しいアイドルを確立させ、さらにアイドルをドラマやバラエティー番組に出演させるという当時では考えられない起用を行うなど、常にニッチ領域を模索している。そして質の高いプロフェッショナルになるまではアーティストを市場に出さず、ジャニーズJr.として育成するという、アーティストの質への強いこだわりも持っている。

③については、ジャニーズ事務所も、歌って踊れるアイドルというスタート時点では、歌やダンスを専業とするタレントに質で劣っていたが、継続的なイノベーションを続けることで、歌やダンスを専業とするタレントに勝るレベルまで到達している。そしてローラースケートを履いて、歌い踊り、華麗に舞うという高いパフォーマンスまで行えるようになっている。さらに俳優、司会、バラエティー番組までこなせるようになり、イノベーション（革新性）へのたゆまざる努力を実践する企業といえる。

④については、ジャニーズ事務所では、ジャニー喜多川がアーティストの発掘・教育・売出し等を一貫して行っており、誰をどのようなアイドルとして、どの時期に、どのようにデビューさせ、デビュー後もどのように活動を行っていくのかなどを、社長自らが丹念に考えるほど、従業員（アーティスト）を大切にする特徴がある。また将来のことを考え、学業を優先させたり、ジャニーズJr.でのレッスン料をすべて無料にしていることも、従業員（アー

ティスト）を大切にする現れである。また従業員の成果や結果については、アーティストであるため、CD・DVDの売り上げや人気度等は、誰もが容易に情報を知ることができる。そのため、ジャニーズアーティスト内で比較や競争が行われ、ヒトを通じての生産性向上につながっている。

⑤については、ジャニーズ事務所は、「歌って踊れる個性の異なる集合体としての男性アイドルグループの創造」という価値観形成が明確にできており、またこの価値観の形成プロセスに相当の時間とパワーを要してきたといえる。

⑥については、ジャニーズ事務所は、男性アイドルのみに特化したビジネスで継続・発展を遂げている。

⑦については、ジャニーズ事務所は、社長自らがアーティストの発掘・教育・売出し等を一貫して行っており、まさに単純な組織・小さい本社といえる。

⑧については、ジャニーズ事務所は、ジャニーズJr.というアーティスト創造方法やアイドル像の適切な拡張など、アーティストやそのアーティストに付帯するイメージなどを厳格にマネジメントする一方で、アーティストの個性や独創性などを阻害することなく、各アーティストの個性をより発揮させたり、新たなコンセプト形成や進化・革新などを各アーティストに行わせている。

5・2　強い企業の研究との比較

次に日経ビジネスでは、常に市場の変化に機敏に対応して、素晴らしい業績を上げ続ける強い企業[2][3]を取り上げ、「Core Competence（どの分野で戦うべきか）」「Customer Focus（顧客重視）」「Speed（スピード）」の3つを優良要因の共通点として挙げている。この点についても、ジャニーズ事務所の優良要因と共通すると言える。

ジャニーズ事務所は、男性アイドルのみに特化したビジネスを行っており、特に近年では、「歌って踊れる個性の異なる集合体としての男性アイドルグループ」という明確なコンセプトの元、アーティスト創造が行われ、「どの分野で戦うべきか」が明確にされており、その実践も適切に行われている。そして女性の求めるアイドル像の飽くなき探求を行い、多様なニーズに対応しており、常に「顧客重視」のアーティスト創造が行われている。最後にジャニーズ事務所は、事業活動におけるPDCAサイクルを適切に回し続けていることによって、今までにない新しい提案や方法が素早く（スピード良く）実行できている。また長けた情報収集・整理・分析・洞察による体系化されたデータベースが構築されていることによって、危機対応への処理が早く、環境変化に素早く（スピード良く）反応できている。

5・3 偉大な企業の研究との比較

Collinsは、偉大な企業へ飛躍した企業を選別し、さらにその選別した企業と設立年数、「良好」から「偉大」への転換点の時期が同じであり、同じ事業を行い、成功の度合いも似通っていながら、その後衰退していった企業を比較研究し、その相違点から、良好な企業を偉大な実績を持続できる企業に飛躍させる条件について、表5-2に示す7つを導出している[4]。この点についても、ジャニーズ事務所の優良要因と共通する要素が多いことがわかる。

①は、ジャニーズ事務所の社長がジャニー喜多川であることは誰もが知っていることであり、有名人でもある。しかし実際にジャニー喜多川を表舞台で散見することはほとんどない。このように控えめで謙虚な一面がある一方で、男性アイドルのみに特化したビジネスに固守したり、アーティストの発掘・教育・売出しなどを一貫して自身が行うという意思の強さがあり、従来にないアイドルの起用法やパフォーマンスを行わせる大胆な一面まで備えている。

②は、ジャニー喜多川はグループを作成する時に、核となる人物から選定している。そしてその核となる人物とは異なる個性を持った人物を、何人か選定するやり方を行っている。

表５−２　良好な企業を偉大な実績を持続できる企業に飛躍する条件

	条　件	詳　細
①	第５水準のリーダーシップ	第５水準のリーダー（謙虚だが意思が強く、控えめだが大胆な二面性を兼ね備えたリーダー）に率いられている。
②	最初に人を選び、その後に目標を選ぶ	偉大な企業に飛躍した指導者は、まず「誰を選ぶか」を決めて、その後に「何をすべきか」を決めている。そして具体的な人選方法は、疑問があれば採用せず、人材を探し続け、機会の追求を行う。
③	最後にはかならず勝つ	自分が置かれている現実の中で、最も厳しい事実を直視し、どれほどの困難にぶつかっても、最後には必ず勝利している。
④	単純明快な戦略	たった１つの肝心要を、単純で明快な概念にまとめ、この概念をすべての活動の指針にしている。
⑤	人ではなく、システムを管理する	制約のある一貫したシステムを構築し、このシステムの枠組みの中で、従業員に自由と責任を与えている。
⑥	新技術にふりまわされない	新技術が自社にとって重要な技術か、そうでない技術か判断できる。
⑦	劇的な転換はゆっくり進む	巨大で重い弾み車を回転させるように、長期にわたり一貫性をもたせて、１つの方向に押し続ける努力や活動を行っている。

決してコンセプトが先ではなく、何かきらりと光る人物を発見することを最初に行っている。そのためには、1ヶ月に何万通と届く応募書類すべてに目を通し、ジャニーズJr.のレッスンにも参加し、適切な人材に出会う機会の追求を行っている。

③は、ジャニーズ事務所は創設から現在までに、大きな危機を何度も乗り越え、ピンチをチャンスとして最終的には勝利してきた。それには、事業活動におけるPDCAサイクルを適切に回し続けることによって、現在置かれている自分の現実を適切に分析でき、勝利できる解決策を見いだすことができるからである。またPDCAサイクルを回すごとに、次のPには新しいやり方や提案が組み込まれることで、新たな危機にも、向上されたPDCAサイクルで対応できるようになっている。

④は、ジャニーズ事務所は、男性アイドルのみに特化したビジネスを行っており、特に近年では「歌って踊れる個性の異なる集合体としての男性アイドルグループ」という明確なコンセプトのもと、アーティスト創造が行われ、単純明快な戦略が実践されている。

⑤は、ジャニーズ事務所は、ジャニーズJr.というアーティスト創造方法や「歌って踊れるアイドル」という制約のある一貫したシステムの枠組みの中で、各アーティストや各グループの個性をより発揮させ、新たなコンセプト形成や進化・革新などを各アーティストに行わせている。

⑥は、ジャニーズ事務所は④で示した単純明快な戦略を実践しており、その戦略に役立つ新技術とそうでない新技術の判断ができている。

⑦は、ジャニーズ事務所は、「歌って踊れる個性の異なる集合体としての男性アイドルグループ」という明確なコンセプトのもと、事業活動におけるPDCAサイクルを何度も何度も回し続けることによって、男性アイドルのみに特化したビジネスを継続させてきた。日本のアメリカ大使館軍事援助顧問の一事務職員であったジャニー喜多川が、ジャニーズというたった1グループのみで、エンタテインメント市場における最初のPDCAサイクルを回す時は、かなりの困難であったと考えられるが、このPDCAサイクルを苦しくとも、回し続けたことによって、ある時期劇的な発展が生まれたといえる。

5・4　優秀な企業の研究との比較

新原[5]は、「本当に優良な成果を上げている企業は、どのような特質を持っているのか。上手くいっていない企業との違いは何か。」を導出するため、企業の収益性（総資本経常利益率）、安全性（自己資本比率）、成長性（経常利益額の推移）の3つの要素に着目した。そして過去15年間にわたる財務データを調査し、優秀企業を抽出して、そこに共通的に見いだせ

表５－３　優秀企業の共通項

	共通項	詳　細
①	分からないことは 分けること	自企業が取り組むべき事業の範囲を明確に認識し、特にその会社が取り組むべきでない事業が明確である。あれもこれもと手を出していては、世界に通用する競争力を身につけることは難しいという考え方がある。
②	自分の頭で考えて考えて 考え抜くこと	業界の常識、成功の形を信じず、顧客の視点で丹念に考え抜くことで、力の勝負を避け、他社と違う軸で競争する。
③	客観的に眺め不合理な 点を見つけられること	傍流経営者であることが、型にはまらず客観的な視点で、問題でありながら常識とされていることに対応できる。
④	危機をもって企業の チャンスに転化すること	危機がつくり出した「隙間」を確実にものにして、長期的発展に向けた新しい方向性を見いだしている。単に危機を脱していることのみに留まらず、危機だからこそ新しいビジネスモデルを構築できている。
⑤	身の丈に合った成長を図り 事業リスクを直視すること	成長・発展に関する戦略の意思決定は、大胆な判断と資金面のリスク回避の両面を必ず行っている。
⑥	世のため、人のためという 自発性の企業文化を 埋め込んでいること	世の中、社会のために仕事をするという規律をもたらしているのは、製品・サービス市場からの評価であり、このようなことを意識した創造活動ができる企業文化が築かれている。

て、そうでない企業には見いだせない特徴を、表5-3に示す6点として挙げている。この点についても、ジャニーズ事務所の優良要因と共通する要素が多いことがわかる。

①について、ジャニーズ事務所は、男性アイドルのみに特化したビジネスを行っており、特に近年では「歌って踊れる個性の異なる集合体としての男性アイドルグループ」という明確なコンセプトのもと、アーティスト創造が行われ、自企業が取り組むべき事業の範囲を明確に認識している。

②について、ジャニーズ事務所は、女性の求めるアイドル像の飽くなき探求を行い、多様なニーズに対応しており、常に顧客の視点で丹念に考えられている。そのことで「歌って踊れるアイドル」という新しいアイドルや、ドラマやバラエティー番組に出演させるという新しい起用法など、他社と違う軸で競争を行っている。

③について、ジャニー喜多川は、日本のアメリカ大使館軍事援助顧問の一事務職員であったため、エンタテインメント業界から考えると傍流経営者といえる。しかしそのことが、エンタテインメント市場の型にはまらず、客観的な視点で見られるため、さまざまな危機も、常識を覆す新たな解決策で乗り越えてこられた。

④について、ジャニーズ事務所は創設から現在までに、大きな危機を何度も乗り越え、ピンチをチャンスとして確実にものにしてきた。核となるヒットアーティストを失うことで、

ヒットアーティストの後ろで、デビュー前にジャニーズJr.としての活動ができなくなった危機に対しては、TVドラマやバラエティー番組を代替として、新たなファン層を獲得することや、アーティストが個々で活動することで、グループの認知が希薄する危機に対しては、ビックイベントを活用して、個々で活動しているアーティストの集合体としてのグループを強く認知させる方法など、新しいビジネスモデルを構築してきた。

⑤について、ジャニー喜多川は、従来にないアイドルの起用法やパフォーマンスを行わせるなどの大胆な判断を行いつつも、ヒットアーティストの後ろでジャニーズJr.としての活動をさせ、人気度を推測しながら、適切なデビュー時期を模索するリスク回避を行ったり、グループでアイドルを創造することで、費用対効果を高めようとするコスト意識も高い。

⑥について、ジャニー喜多川は、「日本の少年に夢を抱かせたい」という強い想いで起業しており、アメリカのエンタテインメントに負けない「何か」を創りたいという夢を持って事業を行っている。このような企業文化が構築されていることで、質の高いプロフェッショナルになるまではアーティストを市場に出さず、また女性の求めるアイドル像の飽くなき探求を行い、多様なニーズに対応する創造活動が行われている。

以上のように、さまざまな年代、海外・国内のさまざまな企業を対象に行われた先行研究での「優良企業の条件や特徴」を考察すると、ジャニーズ事務所の優良要因とほぼ同等、または類似することが導出できた。この点からもジャニーズ事務所の高い競争優位性が理解できる。なお先行研究で、具体的にどのような企業が研究対象になっていたのかに関心がある方は、文献６にまとめているので、参照されたい。

【参考文献】

［１］Peters, Thomas J. and Robert H. Waterman, Jr（1982）：*In Search of Excellence*, Harper & Row, Publishers, Inc（大前研一訳（１９８３）：『エクセレント・カンパニー』、講談社）
［２］日経ビジネス編（１９９４）：『強い会社』、日本経済新聞社
［３］日経ビジネス編（１９９５）：『続・強い会社』、日本経済新聞社
［４］James C. Collins（2001）：*Good to Great*, Curtis Brown Ltd.（山岡洋一訳（２００１）：『ビジョナリーカンパニー2』、日経ＢＰ社）
［５］新原浩朗（２００３）：『日本の優秀企業研究』、日本経済新聞社
［６］丸山一彦（２０１１）：「ジャニーズ事務所の競争優位に関する研究」、『和光経済』、第44巻、第１号、pp.32-52、和光大学社会経済研究所

第 6 章
老舗企業に備わる要件とジャニーズ事務所の比較

第5章では、先行研究から導出された優良・優秀企業の要件や特徴とジャニーズ事務所の優良要因とを比較分析した。第6章では、一時の優良・優秀性だけでなく、さまざまな市場環境変化や不況の景気循環などにも耐えうる、永続企業の特徴や要件とジャニーズ事務所の優良要因とを比較分析する。現在でも、何百年と本業を中心としながら、変わらず存続している企業が存在する。これらの永続する企業は、大企業から中小企業までさまざま存在するが、このような発展、永続できた企業には多くの学ぶべき共通要素が備わっていると考えられる。このような永続企業の共通要素がジャニーズ事務所にも存在するか考察する。

6・1 老舗企業の経営哲学や経営戦略の研究との比較

日本の永続する企業は、一般的に老舗と呼ばれている。この老舗企業の先行研究を取り上げると、足立らが行った、「日本の老舗は、日本という特殊な風土の中で生成した企業体であり、日本の風土によって形成され共通した、特色のある永続と繁栄への経営手法がある」と考え、老舗の家訓から読み取れる経営哲学や経営戦略の研究[1][2]がある。

足立らは老舗の経営哲学や経営戦略の特徴として、「①正直正路の経営」「②企業の社会的責任を果たす経営」「③御得意様は吾が旦那様の経営」「④知足の経営」を挙げている。①は、老舗企業は、目先の利益に走ったり、不義な利益を得ようと企てない経営を行っていることである。ジャニーズ事務所も、「日本の少年に夢を抱かせたい」という強い想いで起業しており、アメリカのエンタテインメントに負けない「何か」を創りたいという夢を持って、正直正路の経営を行っている。

②は、「売って喜び、買って喜び、みんなが喜ぶ」の三方よしの商いであり、ジャニーズ事務所も、アーティストがステージで最高のパフォーマンスを提供できることに喜び、そのパフォーマンスを顧客が喜び、という商いを行っている。

③は、顧客を大切に考え、常に丁寧に接する「顧客満足」を売る経営であり、ジャニーズ事務所も、女性の求めるアイドル像の飽くなき探求を行い、多様なニーズに対応し、アイドル像の適切な拡張や、アーティストのイノベーションを行って、「顧客満足」を売る経営を行っている。

④は、現状に満足せず、さらに改善・改良を心がける経営であり、ジャニーズ事務所も、女性の求めるアイドル像の飽くなき探求を行い、多様なニーズに対応したり、ドラマやバラエティー番組に出演させるという新しいアイドルの起用法を行うなど、改善・改良を心がける経営を行っている。

6・2 老舗企業の中堅・中小企業の研究との比較

次に神田と岩崎は、社歴100年を超える中堅・中小企業の調査研究[3]を行い、時代を超えて続いている企業（老舗）に共通する経営特性を次の8点に集約している。

①伝統を守り、事業を無理してまで広げなかった。
②新たな事業・製品の開発に常に挑戦してきた。
③経営形態等を時代に合わせて近代化・合理化してきた。
④技術を継承しつつも、発展・強化させてきた。
⑤秘伝の技術を守り通してきた。
⑥取引先（仕入れ・顧客）との良好な関係を維持してきた。
⑦新しい取引先（仕入れ・顧客）を常に探してきた。
⑧創業者の一族で事業を継承してきた。

この8点についても、ジャニーズ事務所の優良要因と共通する要素が多いことがわかる。

①は、ジャニーズ事務所は、男性アイドルのみに特化したビジネスを行っている。②は、

ジャニーズ事務所は、アイドル像の適切な拡張や、アーティストのイノベーションを行っている。③は、ジャニーズ事務所は事業活動におけるPDCAサイクルを適切に回し続け、またPDCAサイクルを回すごとに、次のPに新しいやり方や提案を組み込み、新しいビジネスモデルを構築してきた。④は、ジャニーズ事務所は「歌って踊れる」技術を継承しつつ、ローラースケートを履いて、歌い踊り、華麗に舞うという高いパフォーマンスまで発展させたり、俳優、司会、バラエティーまでこなせる技術も強化させてきた。⑤は、ジャニーズ事務所は、「歌って踊れる個性の異なる集合体としての男性アイドルグループ」という秘伝の技術を守り通している。⑥は、ジャニーズ事務所は女性の求めるアイドル像の飽くなき探求を行い、多様なニーズに対応し、顧客との良好な関係を維持してきた。⑦は、ジャニーズ事務所は、ドラマやバラエティー番組に出演させるという新しいアイドルの起用法を見いだし、新しい顧客を常に探し続けてきた。⑧は、ジャニーズ事務所は、継承はまだ行っていないが、現在創業者一族で事業を運営している。

神田と岩崎は、この8点は、企業を存続させる促進的な要因であり、さらに企業の競争力を強化させる要因として、次の2点も導出している。

A時代に流されない伝統的な商品を持ち、看板の強みと蓄積されてきた技術の強みを活かす「強みの強化」を行っている。

B地域社会とのつながりを活かしつつ、弱みである柔軟さや古さというイメージを払拭する「弱みの克服」を行っている。

Aについて、ジャニーズ事務所は、「歌って踊れる個性の異なる集合体としての男性アイドルグループ」という、時代に流されない確固たる商品を持っており、ジャニーズ事務所という看板の強みと、蓄積されてきた、「歌って踊れる」技術の強みを活かしている。

Bについて、ジャニーズ事務所は、常に顧客とのつながりを考え、女性の求めるアイドル像の飽くなき探求を行い、多様なニーズに対応したり、ドラマやバラエティー番組に出演させるという新しいアイドルの起用法を見いだし、アイドル像の適切な拡張（ブランドポジションの再定義）を行い、弱みである柔軟さや古さというイメージを払拭してきた。

さらに、この8点の存続促進要因と2点の競争力強化要因は、それぞれ、「伝統を守る・継承する」内容のものと、「伝統への挑戦・革新」という内容のものに分けることができる。神田と岩崎は、存続促進要因と競争力強化要因の関係を、この「伝統を守る・継承する」と、「伝統への挑戦・革新」とで分析した結果、「伝統を守る・継承する」という存続促進要因が、「強みの強化」という競争力強化要因にプラスの影響を与え、「伝統への挑戦・革新」という存続促進要因が、「弱みの克服」という競争力強化要因にプラスの影響を与えていることを導出している。つまり老舗企業の大きな特徴は、どのような時代でも「変化させないこと」と、時代の環境に合わせて「変化させること」の2点が存在し、「変化させないこと」で、自社の強みをよりいっそう強化することが肝要で、その次に弱みを補強するために、「変化させること」が必要なのである。ジャニーズ事務所も、「歌って踊れる個性の異なる集合体としての男性アイドルグループ」という自社の強みは絶対に変えることなく、どうしても訪れる危機に対して、多様なニーズに対応したり、新しいアイドルの起用法を見いだすなどし、弱みの克服を行っている。

6・3　老舗企業の統計データ・アンケート調査の研究との比較

次に、横澤ら[4]は、創業年と現在の業種の情報が揃った7510社のデータから、100年以上続いている企業を調査研究し、老舗企業が永続してきた理由は、顧客志向、本業重視、品質本位、従業員重視の価値観を変化しない伝統として継承しつつ、顧客ニーズへの柔軟な対応を重視し、商品、サービス、販売チャネル、技術そのものについては、柔軟に革新を続けてきたという「変化させなかった要素」と「変化させた要素」の二要素を挙げている。神田と岩崎らの研究と同様の特徴であり、ジャニーズ事務所の優良要因と共通する。

さらに横澤らは、顧客ニーズへの柔軟な対応ができた理由として、「知恵の蓄積」を挙げている。老舗企業は、顧客との長期安定的な関係を築くため、情報データベースを構築している。時代によっては、店主の頭の中であったり、帳簿であったり、コンピュータシステムの活用など、さまざま存在するが、このような知恵の蓄積を行うことで、顧客ニーズへの柔軟な対応ができている。ジャニーズ事務所も、社長のジャニー喜多川の頭の中だけではあるが、長けた情報収集・整理・分析・洞察による体系化されたデータベースが構築されており、顧客ニーズへの柔軟な対応ができている。

次に、帝国データバンク史料館・産業調査部は、創業や設立から100年以上経った営利法人を「老舗企業」と定義し、財務、歴史、社訓などのさまざまな角度から老舗の強さを調査研究[5]している。帝国データバンク史料館・産業調査部は、帝国データバンクの企業概要データベース「COSMOS2」に収録されている約125万社のデータと、1912年までに創業、または設立した企業の中から、4000社を無作為に抽出して、2008年3月にアンケートを実施した814社の回答を元に老舗企業を分析している。

帝国データバンク史料館・産業調査部の研究においても、老舗の強さの要因は、社名・屋号、家訓・社訓を伝統として「変えていない要素」と、販売方法、商品・サービス、製造方法などは時代に合わせて「変えていった要素」として挙げている。やはり近年の研究でも、神田と岩崎らや横澤らの研究と同様の特徴があり、ジャニーズ事務所の優良要因と共通する。

また帝国データバンク史料館・産業調査部の研究では、幾度の困難に遭遇している老舗企業には、なぜかピンチの時になると発生する「不思議な力」があると指摘している。これは、第5章で取り上げたCollinsのビジョナリー企業の研究や、新原の優秀企業の研究でも、「最後にはかならず勝つ」「危機をもって企業のチャンスに転化すること」と、同様の特徴が挙げられている。ジャニーズ事務所の優良要因も含めて考えると、老舗企業や優良企業は危機を脱するための解決策を、長けた情報収集・整理・分析・洞察による、体系化されたデータベースから考え出しており、論理的に信頼感の持てる解決策になっている。その上で、小さく単純な組織になっているために、情報共有が確実に速く行われ、同じベクトルでの団結力が構築され、この「不思議な力」を生み出していると考えられる。

最後に老舗企業へのアンケート調査で、「今後も生き残るために必要なものは何ですか」という問いに対して、1位の回答が、信頼の維持・向上で65・8％、2位の回答が、進取の気性で45・5％、3位の回答が、品質の向上で43・0％であった。1位、2位は、神田と岩崎らが示した「伝統を守る・継承する」「伝統への挑戦・革新」という存続促進要因と競争力強化要因であり、これに加え、「伝統を守る・革新する」のどちらにせよ、それが適切に実現できているかを顧客が評価するのは、企業側が提供している価値であり、その価値の質向上が必要であることも、老舗企業は理解していることが、優れている点であると、このアンケート結果からもわかる。ジャニーズ事務所は、特にアーティストの質向上にはこだわりを持っており、プロフェッショナルになるまではアーティストを市場に出さず、ジャニーズJr.でしっかりと育成することや、年々高いパフォーマンスを各アーティストに要求していることなど、「伝統を守る・革新する」のどちらにおいても、この質の向上の取り組みが、今後も生き残るために必要なものとして有効性を発揮していると考えられる。

以上のように、一時の優良・優秀性だけでなく、永続企業の特徴や要件の先行研究とジャニーズ事務所の優良要因との比較分析から、ジャニーズ事務所には、永続企業の特徴や要件が備わっているといえる。このことで、ある一定のアプローチからではあるが、ジャニーズ事務所の高い競争優位性を論理的に明示することができたといえる。

【参考文献】

［1］足立政男（1990）：『シニセの家訓』、心交社

［2］足立政男編（1993）：『「シニセ」の経営』、広池学園出版部

［3］神田良、岩崎尚人（1996）：『老舗の教え』、日本能率協会マネジメントセンター

［4］横澤利昌編（2000）：『老舗企業の研究』、生産性出版

［5］帝国データバンク史料館・産業調査部編（2009）：『百年続く企業の条件』、朝日新聞出版

第 7 章
ジャニーズアーティストが創造する経験価値

第7章では、ジャニーズアーティストが提供している価値について分析する。ジャニーズ事務所は、特にアーティストの質向上にはこだわりを持っており、プロフェッショナルになるまではアーティストを市場に出さず、ジャニーズJr.でしっかりと育成することや、年々高いパフォーマンスを各アーティストに要求するなどの取組みを行っているため、ジャニーズ事務所全体としての戦略やマーケティング以外に、個々のアーティストが提供する価値ももちろん素晴らしい。そこでアーティストが提供する価値からも、ジャニーズ事務所の優良性を考察する。

7・1　競争優位を得る経験価値という考え方

近年、市場が成熟化し、物での差別化が困難な現代の市場で、競争優位を得る1つの方法として、「経験価値」をキーにした新たなマーケティング理論がさまざま提案されている。[1]〜[3]そこで本章では、コロンビア大学のシュミッド教授が提案している「戦略的経験価値モジュール」を用いて、ジャニーズアーティストが提供・創造している価値は、競争優位を得る一つの方法として注目を集めている「経験価値」を持ち合わせているのかを分析し、ジャニーズ事務所の高い競争優位性を、経験価値マーケティングの枠組みで解明する。

戦略的経験価値モジュールとは、経験価値マーケティングを行う際のツールであり、SENSE（感覚的経験価値）、FEEL（情緒的経験価値）、THINK（創造的・認知的経験価値）、ACT（肉体的経験価値とライフスタイル全般）、RELATE（準拠集団や文化との関連づけ）の5つの経験価値から構成されている。シュミッド教授は、製品やサービスに優れた機能的特性や便益、品質が備わっていることは当然だが、顧客が真に求めている楽しさや快適さといった「顧客の感情・感覚に訴える5つの経験価値（SENSE・FEEL・THINK・ACT・RELATE）」が、現在の競争を勝ち抜く新たな価値であるとしている。なお長沢ら[4]〜[8]は、戦略的経験価値モジュールを用いて、多くの日本企業の事例研究を行っており、経験価値マーケティングの枠組みによる分析を詳しく知りたい方は、これらを参照されたい。

次の節では、ジャニーズ事務所の全アーティストを分析するのではなく、ジャニーズ事務所の伝統と革新が集約されたと考えられる発展期・黄金期に誕生し、現在活躍しているアーティストを取り上げて分析を行う。分析に取り上げるアーティストは、「嵐」「NEWS」「関ジャニ∞」「KAT-TUN」「Hey! Say! JUMP」の5グループである。分析対象とした理由は、嵐は、国立競技場での6年連続コンサートや、アルバム『THE DIGITALIAN』で「ベスト5アルバム（邦楽）」を、『アラフェス'13』と『ARASHI Live Tour 2013 "LOVE"』の2作品では、それぞれ「ベスト・ミュージック・ビデオ（邦楽）」を受賞し、4冠を達成したりと、これまでにない偉業を多く成し遂げ、親近感を持てる努力型好青年系アイドルとして人気を獲得している点、NEWSは、バレーボールワールドカップ2003のイメージキャラクターとして、ジャニーズJr.の中でも特に人気が高かった山下智久を中心に結成され、「NEWSニッポン」でデビューし、さわやか王子様系正統派ジャニーズアイドルとしての人気を獲得している点、関ジャニ∞は、「浪花いろは節」で2004年にデビューし、2007年にはジャニーズ事務所初となる47都道府県すべてを回るツアーを成功させ、ダンスから、楽器演奏、お笑いまでこなせる、おもろ格好良い系芸達者アイドルとしての人気を獲得している点、KAT-TUNは、2006年にシングル「Real Face」、アルバム「Best of KAT-TUN」、DVD「Real Face Film」でのトリプルデビューを飾った他、デビュー前から東京ドームでの単独コンサートを行うなど、ワイルドセクシー系アイドルとして人気を獲得している点、Hey! Say! JUMPは、東京ドーム公演最年少記録や、年末のジャニーズカウントダウンコンサートと並行して行われるHey! Say! JUMPの単独カウントダウンコンサートでも歴代最年少でのドームコンサート記録を作っており、この他にも最年少として多くの記録を残す目まぐるしい活躍をしており、年下子犬系アイドルとして人気を獲得している点が存在するからである。そしてすべてのグループとも、デビューから現在まで実績を残すヒットアーティストであり、それぞれ異なるコンセプトを持ち、この異なるコンセプトの中にも、どのような経験価値が存在するのかを分析できるからである。またデビューから5年以上が経過しており、分析するための十分な情報が収集可能だからである。よって「嵐」「NEWS」「関ジャニ∞」「KAT-TUN」「Hey! Say! JUMP」の5グループに対して、戦略的経験価値モジュールの5つの経験価値である、SENSE（感覚的経験価値）、FEEL（情緒的経験価値）、THINK（創造的・認知的経験価値）、ACT（肉体的経験価値とライフスタイル全般）、RELATE（準拠集団や文化との関連づけ）による、ジャニーズアーティストの経験価値分析を行う（ただし、統一的な比較ができるように、デビューから10年程度の活動について分析を行う）。

7・2　嵐の経験価値

7・2・1　SENSE（感覚的経験価値）

(1) アイドル感の強すぎないリアルな男の子像が感覚として感じられる

嵐のデビュー時の「アイドルらしくないアイドル」「普通の男の子が努力と絆でスーパーアイドルになった」という物語があるように、美男子だが、「普通の男の子」に感じられる雰囲気やイメージが、メンバー全員で上手く構成されている。

また、普段の番組出演での言動、衣装、役柄から、櫻井翔は「格好良い系」、二宮和也は「可愛い系」、大野智は「天然系」、松本潤は「王子様系」、相葉雅紀は「不思議系」と、全員がまったく異なる雰囲気を持つことで、実際に自分の近くにもいる普通の男の子たちのグループが想像でき、リアルな男の子像が感じられる。

(2) メンバーそれぞれの個性が感覚的にわかるようになっている

メンバー5人のそれぞれのカラー（櫻井翔は赤色、二宮和也は黄色、大野智は青色、松本潤は紫色、相葉雅紀は緑色）が決められており、ライブ・コンサート、TV番組、グッズが5色構成となっているものが多いため、見た目で各メンバーを理解しやすい。さらに、メンバーの個性にあったドラマ・TV出演や広告が多く、カラーイメージを認識しやすい。たとえば、櫻井翔は、話上手で感受性に長けている個性から、NEWS ZEROなどの情報番組や、「謎解きはディナーの後で」の影山役、「ザ・クイズショウ」の神山役といった知的なキャラクターで出演しており、二宮和也は、協調性に長け、自己表現力が豊かな個性から、「大奥」「GANTS」「Standup!」「山田太郎物語」「流星の絆」のさまざまな役柄での映画・ドラマ主演を行っている。大野智は、緩いオーラを放ち、多彩な才能を持つ個性から、普段の大野智のキャラクターとは想像もつかない「魔王」の成瀬役、「0号室の客」の弘行役、「鍵のかかった部屋」の榎本役を演じ、普段とのギャップが多い役柄で出演している。松本潤は、人から頼られ、自分に厳しい個性から、「金田一少年の事件簿」の金田一役、「ごくせん」の沢田役、「花より男子」の道明寺役などの、常にリーダーとなる役柄で多く出演している。相葉雅紀は、元気で陽気な天真爛漫な個性から、「VS嵐」「嵐にしやがれ」でも多くの迷言を残し、場を和ませたり、「志村動物園」「アイバマナブ」といった身体を張った体験番組に多く出演している。

（1）（2）が顧客の視覚や聴覚などの感覚的要素に訴えかけているものであり、嵐のSENSE（感覚的経験価値）といえる。

7・2・2 FEEL（情緒的経験価値）

（1）いつも嵐と一緒にいる気分になれる

嵐のメンバーは、日常的に、TVCM、ニュース・バラエティー・ドラマ・歌番組と、さまざまなカテゴリーで、そして豊富に番組出演している。さらに広告看板・ポスター、お店のPOPなどでも使用されており、コンサートに行かなくとも、嵐に出会う機会が多く、身近な存在を感じさせられる。

（2）素直な気持ちを表現する歌詞が多く、優しい歌声が心を癒やしてくれる

嵐が歌う歌詞には、「百年先も愛を誓うよ」「世界にひとつだけの大切な愛に出逢えた」「君の声を聴いていたい」というような、誰もが一度はいって欲しい素直な気持ちをそのまま歌詞にした曲が多く、さらに、メンバーに個性があるものの、全体として優しいイメージがある嵐の歌声が、その歌詞を一段と心に響かせている。また、「なだらかな坂を君と行く」「いつも通り歩く見慣れた景色」「君の横顔を見ている」という具体的な表現の歌詞も多く、自分のために歌ってくれているという親近感が感じられ、ほっとする安堵感が得られる。

（1）（2）が、親近感、肌感覚、安心感、安堵感を与えており、情緒的要素に訴えかけているものであり、嵐のＦＥＥＬ（情緒的経験価値）といえる。

7・2・3　THINK（創造的・認知的経験価値）

（1）嵐に関連するデビューから現在までの情報が多く公開されている

ＴＶや本（雑誌）などのメディアで、嵐のデビュー時の物語や、活動する途中で起きた危機、イベントの様子、そして現在の活躍について取り上げられることが多く、今まで知らなかった嵐の情報から、これからの嵐情報まで、たくさん知ることができ、嵐について深く勉

強することができる。特に、現在の成功の陰にある「努力してスーパーアイドルになった物語」などは、多くの人の共感を得るとともに、「なるほどこのような努力があったからなのか」と考えさせられるものがある。

(2) メンバー一人ひとりの逸話や物語が多く存在する

グループのみならず、個人の才能（櫻井翔は語りの才能、二宮和也は演技の才能、大野智は芸術の才能、松本潤はカリスマの才能、相葉雅紀はムードメーカーの才能など）をふんだんに生かし、個人の本の出版や雑誌の対談、TVの個人出演などを行っている。そのため、一人ひとりの性格、特技、ライフスタイル、考え方を知ることができ、意外な一面や共感するところなど、このような個性、特技、才能を持ったメンバーが集まることで、嵐が創り上げられているのかと、考えさせられるものがある。

(3) 魅力的な楽曲構成になっている

嵐の楽曲は、ドラマの主題歌や番組のテーマソングになることが多く、楽曲の構成がそのドラマ、番組に沿わせたものになっている。楽曲からそのドラマや番組を連想させるだけでなく、まったく異なるイメージも創造させられる。たとえば「Monster」は、大野智主演のドラマ「怪物くん」の主題歌であるが、怪物くんとはイメージの異なる、シックで格好良い楽曲の作りとなっており、怪物くんとどのような関係があるのか考えたくなる。さらにミュージックビデオの構成も、その楽曲に合わせ、毎回大きく変えており、「格好良い嵐」「可愛らしい嵐」「陽気な嵐」「仲の良い嵐」などと、次はどのような嵐が見られるのかと、創造性がかき立てられる。

（1）～（3）が、知的要素に訴えかけているものであり、嵐のＴＨＩＮＫ（創造的・認知的経験価値）といえる。

7・2・4 ACT（肉体的経験価値とライフスタイル全般）

（1）嵐が常にメディアに多く出演しているため、嵐の話題が生活の一部となっている

嵐は、ＴＶ出演・商品広告・雑誌など、多くのメディアへ出演しており、「櫻井君のニュース見た？」「大野君の展覧会あるよ」「松本君の新作ドラマ知ってる？」「二宮君の映画見た？」「相葉君のバラエティー面白かったね」と、嵐を話題にすることが生活の一部の行動になってしまう。また「ゲーム好きの二宮君が宣伝しているゲームのＣＭだから」「知的な櫻井君が宣伝しているＰＣメガネだから」「お洒落な松本君が宣伝しているコスメだから」と、各アーティストの特技や特徴をもとに話題にしやすく、説得力があるため、ニュースや

映画、各商品に興味のなかった人でも、嵐の話題に挙がるものに興味を持ってしまう。

（2）季節感にあったイベントが多く、ライフスタイルに合わせやすい

夏の終わりに、熱く盛り上がりたい時に、国立競技場での大イベントが行われたり、4月～8月、または9月～12月に、各都市を回り、歌やダンスを堪能するコンサートツアーが行われたり、楽しみの少ない梅雨の時期では、嵐の別の一面が見られる「嵐のワクワク学校」が行われたり、年末年始には、紅白歌合戦とカウントダウンライブで、必ず嵐に会えるという、ファンのライフスタイルに合致したイベントが行われていることで、嵐がライフスタイルの一部になってしまうようにできている。

（1）（2）が、肉体的またはライフスタイル全般要素に訴えかけているものであり、嵐のACT（肉体的経験価値とライフスタイル全般）といえる。

7・2・5 RELATE（準拠集団や文化との関連づけ）

（1）「ARASHICK」「ARASHIANS」などの嵐のファンを総称する造語が多く存在する

主に今までの嵐ファンを「ARASHICK（アラシック）」と総称し、嵐の活動を応援

する集団が存在する。嵐が命名した訳ではなく、ファンの中で暗黙の了解として共通認識されている名称であり、「嵐にやみつきという意味」「嵐のアルバム名から抜粋」が由来とされている。最近ではこの他にも、櫻井翔が嵐ファンを「ＡＲＡＳＨＩＡＮＳ（アラシアンズ）」と命名したり、その他にも嵐ファンを名称づけた「アラシスト」などの造語が存在する。このような名称をつけられることで仲間意識が高まり、嵐を見守る集団という準拠集団が形成されやすくなる。

（2）嵐メンバーの中でコンビの名称が存在する

嵐はジャニーズの中でも、「仲の良いグループ」として多くの人に親しまれている。そのため、嵐ファンの間では、メンバーのコンビ名が数多く命名され、共有されている。たとえば、嵐というグループ名の漢字にちなんで、大野智、櫻井翔の年長コンビを「山コンビ」、二宮和也、相葉雅紀、松本潤の年少コンビは、「風コンビ」と名づけられている。さらに大野智、松本潤の年の差コンビは、「じいまご」という名称もつけられている。メンバーに関連する造語は多く存在し、それらを使用することで、嵐ファンである仲間意識を深め、結束を固めやすい。

表7-1　嵐の経験価値モジュールによる分析

経験価値モジュール	嵐が有する経験価値
SENSE（感覚的経験価値）	・アイドル感の強すぎないリアルな男の子像が感覚として感じられる ・メンバーそれぞれの個性が感覚的にわかるようになっている
FEEL（情緒的経験価値）	・いつも嵐と一緒にいる気分になれる ・素直な気持ちを表現する歌詞が多く、優しい歌声が心を癒やしてくれる
THINK（創造的・認知的経験価値）	・嵐に関連するデビューから現在までの情報が多く公開されている ・メンバー1人ひとりの逸話や物語が多く存在する ・魅力的な楽曲構成になっている
ACT（肉体的経験価値とライフスタイル全般）	・嵐が常にメディアに多く出演しているため、嵐の話題が生活の一部となっている ・季節感にあったイベントが多く、ライフスタイルに合わせやすい
RELATE（準拠集団や文化との関連づけ）	・「ARASHICK」「ARASHIANS」などの嵐ファンを総称する造語が存在する ・嵐メンバーの中でコンビの名称が存在する

（1）（2）が、新しいカテゴリーのブランドを確立し、周囲との関係を取り持つコミュニケーション要素に訴えかけているものであり、嵐のRELATE（準拠集団や文化との関連づけ）といえる。

以上、嵐が有する5つの経験価値である、SENSE（感覚的経験価値）、FEEL（情緒的経験価値）、THINK（創造的・認知的経験価値）、ACT（肉体的経験価値とライフスタイル全般）、RELATE（準拠集団や文化との関連づけ）をまとめると、表7

―1のようになる。

7・3　NEWSの経験価値

7・3・1　SENSE（感覚的経験価値）

（1）見た目が格好良く、可愛い

NEWSは、全体的に美少年が揃っており、「格好良い」「可愛い」外見であり、感覚的に伝わりやすい。

（2）インパクトが強すぎず、優しいイメージや静かで気品が感じられる

個性はあるが、落ち着いた気品ある王子様系の雰囲気を醸し出し、アイドルとしての誇りを持っていると感じられるようなグループであり、外見と歌を特に売りにしている。

（3）爽やかなキラキラ王子様系である

真っ白の衣装で爽やかにデビューし、まるで物語の中にいるような理想的な王子様の出現をファンに印象づけた。また曲に繊細で煌びやかな効果をもたらす、ウィンドチャイムの音

を多く使用しており、幻想的な雰囲気を醸し出すことで、現実にはいないような憧れの王子様で、より輝いた存在であることをアピールしている。

（1）～（3）が顧客の視覚や聴覚などの感覚的要素に訴えかけているものであり、NEWSのSENSE（感覚的経験価値）といえる。

7・3・2 FEEL（情緒的経験価値）

（1）憧れの王子様が自分を応援してくれているような気持ちになれる

バレーボールワールドカップ2003のイメージキャラクターとして採用されたことから、バレーボール選手を応援する爽やかな姿のイメージが強い。またデビュー曲「NEWSニッポン」を始めとして、「希望～YELL～」「きらめきの彼方へ」「TEPPEN」といった応援ソングが多く、憧れの王子様に応援されているように感じられる。

（2）愛ではなく応援歌が多い

NEWSの曲は応援、希望、未来、友情をテーマとするものが多い。また、歌詞には「君に僕から贈りたいんだ」「僕と君と」「1人じゃないよ」など、「君」「僕」という言葉が多く使用されており、ファンは「君」と自分を重ね合わせ、好きなアーティストがまるで自分を応援してくれているように感じる。

（1）（2）が、親近感、肌感覚、安心感、安堵感を与えており、情緒的要素に訴えかけているものであり、NEWSのFEEL（情緒的経験価値）といえる。

7・3・3 THINK（創造的・認知的経験価値）

（1）グループのメンバーが個々の活動でもCDデビューを果たしている

手越祐也と増田貴久のユニット「テゴマス」は、スウェーデンで海外デビューを果たし、50年を超える日本の音楽長寿番組「MUSIC FAIR」にも出演している。また山下智久は、ソロデビューを果たしている他、亀梨和也（KAT-TUN）とのユニット「修二と彰」、タイの兄弟アイドルGOLFとMIKEとコラボレーションした「GYM」にも参加しており、多彩な能力を訴求し、ファンの創造性をかき立てている。

（2）頭が良く、優等生のイメージがある

明治大学、早稲田大学、青山学院大学という有名私立大学を卒業したメンバーがいる。ア

イドルは学校には行かないというイメージを打ち払い、アイドルでも高学歴の持ち主であるという意外性が、知的で気品があるイメージを印象づけている。

（1）（2）が、知的要素に訴えかけているものであり、ＮＥＷＳのＴＨＩＮＫ（創造的・認知的経験価値）といえる。

7・3・4　ＡＣＴ（肉体的経験価値とライフスタイル全般）

（1）ライブ開催がファンのライフスタイルと合致している

ＮＥＷＳのライブ開催日程は土日、または平日の夜からの日程が多い。そのため、仕事終わりや学校終わりでも行きやすく、ファンのライフスタイルに合致している。

（1）が、肉体的またはライフスタイル全般要素に訴えかけているものであり、ＮＥＷＳのＡＣＴ（肉体的経験価値とライフスタイル全般）といえる。

表7－2　NEWSの経験価値モジュールによる分析

経験価値モジュール	NEWSが有する経験価値
SENSE（感覚的経験価値）	・見た目が格好良く、可愛い ・インパクトが強すぎず、優しいイメージや静かで気品が感じられる ・爽やかなキラキラ王子様系である
FEEL（情緒的経験価値）	・憧れの王子様が自分を応援してくれているような気持ちになれる ・愛ではなく応援歌が多い
THINK（創造的・認知的経験価値）	・グループのメンバーが個々の活動でもCDデビューを果たしている ・頭が良く、優等生のイメージがある
ACT（肉体的経験価値とライフスタイル全般）	・ライブ開催がファンのライフスタイルと合致している
RELATE（準拠集団や文化との関連づけ）	・近年まれに見ない「アイドル」のエリート集団である

7・3・5　RELATE（準拠集団や文化との関連づけ）

（1）近年まれに見ない「アイドル」のエリート集団である

幼少の頃からトップアイドルとして活躍し続けている山下智久を筆頭に、関ジャニ∞のメンバーとしても活躍し、人気の高い錦戸亮、歌唱力の高い手越祐也・増田貴久、高学歴の加藤シゲアキ・小山慶一郎、といったメンバーが集まることで、「アイドル」のエリート集団としてのブランドが構築されている。また「笑顔」「爽やか」というアイドルらしさを前面に押し出した、王道アイドルグループのブランドとして社会的に認知されている。

（1）が、新しいカテゴリーのブランドを確立し、周囲との関係を取り持つコミュニケーション要素に訴えかけているものであり、NEWSのRELATE（準拠集団や文化との関連づけ）といえる。

以上、NEWSが有する5つの経験価値である、SENSE（感覚的経験価値）、FEEL（情緒的経験価値）、THINK（創造的・認知的経験価値）、ACT（肉体的経験価値とライフスタイル全般）、RELATE（準拠集団や文化との関連づけ）をまとめると、表7―2のようになる。

7・4 関ジャニ∞の経験価値

7・4・1 SENSE（感覚的経験価値）

（1）奇抜で面白いタイトルやインパクトの強い曲が多い

聴きなれない関西弁の歌詞が印象強く、「浪花いろは節」「好きやねん、大阪」「関風ファイティング」「ズッコケ男道」など、インパクトの強い曲名が多い。またCDのジャケットもカラフルで、どこに置いてあっても関ジャニ∞のCDだと一目でわかる。

（2）ジャニーズアイドルとは思えない奇抜で派手、面白い衣装を使用する

関ジャニ∞の衣装は、豹柄、短パン、戦隊モノ、全身カラフル、スカートなど、他のアイドルとは異なる奇抜で派手な衣装であるため、目を引き付けやすい。

（3）それぞれ個性豊かなメンバーが集まっている

ツッコミ、ボケ、天然、クール、乙女キャラ、セクシーなど、個々にそれぞれ強いキャラクターイメージが定着しているため、一目でどのアーティストであるか理解しやすい。

（1）～（3）が、顧客の視覚や聴覚などの感覚的要素に訴えかけているものであり、関ジャニ∞のＳＥＮＳＥ（感覚的経験価値）といえる。

7・4・2　FEEL（情緒的経験価値）

（1）テレビ、コンサート、雑誌などで純粋なありのままの姿を出している

コントやＭＣを本当に楽しそうに行っており、気取った態度を取らず、常に自然体である。また仲間想いなエピソードを雑誌やテレビなどで語り、自分の良い部分だけではなく、過去の失敗談など、格好悪い部分も見せており、親近感が得られる。

（2）スーパーアイドルでありながら、一般人と同じような挫折を味わっている

雑誌等で、昔の売れない苦労話等が紹介されている。そのため関ジャニ∞の曲には、彼ら自身の経験を思わせる、「大変だった道のりを一緒に乗り越えてきた友情」を歌ったものや、「前向きに頑張っていれば道は開ける」といった内容の歌が多くあり、心に訴えてくるものがある。

（3）完璧な星の王子様ではなく、身近なクラスの人気者を目指している

ジャニーズらしい完璧な美少年アイドルではないが、それを逆手にとり、庶民派アイドルとして、自分達のことを「コンビニ感覚」で楽しんで欲しいとアピールし、親近感、肌感覚を得ている。

（4）地域密着型アイドルである

活動拠点の中心が、メンバーの地元関西であり、全国区で活躍するようになっても、標準語ではなく関西弁で話し、曲の歌詞も関西弁のものを使用している。

（1）～（4）が、親近感、肌感覚、安心感、安堵感を与えており、情緒的要素に訴えかけているものであり、関ジャニ∞のＦＥＥＬ（情緒的経験価値）といえる。

7・4・3　THINK（創造的・認知的経験価値）

(1) 歌って踊るだけではなく、その他のパフォーマンスでも魅せる

コンサート中に、メンバー全員が担当楽器を持ち、セッションすることがある。アイドルなのに、ギターやベースを格好良く弾き、ドラムを叩く姿に魅了される。

(2) ジャニーズという枠組みを超えた予測できないアイドルグループである

コンサート中に、コントを行ったり、女装をしたりなど、従来のジャニーズアイドルという枠組みを超えてファンを魅了する能力を持っている。特にグループ内で、「松原かずひろ（渋谷・村上）」「山田（丸山・安田）」というお笑いコンビも結成されており、漫才を披露するなど、常に予測できない新たなことに挑戦し、ファンの創造性をかき立てている。

(1)(2)が、今までのアイドルにない、知的要素に訴えかけているものであり、関ジャニ∞のＴＨＩＮＫ（創造的・認知的経験価値）といえる。

7・4・4　ACT（肉体的経験価値とライフスタイル全般）

（1）特徴を生かしたTVCMを行っている

キャンディソーダのCMでは「女装」、ハイチュウのCMでは「ハンドシェイク」、オロナミンCのCMでは「家族になりきったパロディ」と、関ジャニ∞の特性を生かした個性的で面白いCMを行っている。そのことで、若い人達の興味や関心を強く惹かせるとともに、対象商品に興味のなかった人達も、関ジャニ∞の紹介する商品を購入し、CMを真似して、友人と盛り上がったり、SNSに投稿し、注目を浴びたりしている。

（2）濃厚な関西弁の歌詞を使っている

使用している関西弁がどういう意味か調べたくなったり、関西弁が身についたり、関西に親しみと好感を持ち、関西に行ってみたくなったりする。また関西弁の言葉の意味を友人に説明したり、関西弁で話したりするようになる。

（1）（2）が、肉体的またはライフスタイル全般要素に訴えかけているものであり、関ジャニ∞のACT（肉体的経験価値とライフスタイル全般）といえる。

7・4・5　RELATE（準拠集団や文化との関連づけ）

（1）eighter（エイター）という集団が存在する

関ジャニ∞は、ファンのことを∞（エイト）にちなんで eighter（エイター）と呼びファンも「エイター」の一員であると認識している（「エイター仲間」「エイター友達」と使うこともある）。エイターは、エイターであることを誇りに思っており、エイター同士で集い、仲良くなったりすることで、エイター同士の仲間意識と、エイター（関ジャニ∞ファン）への帰属意識が生まれている。

（2）「おもろ格好良い系」というカテゴリーを確立している

コンサートで唯一コント（∞レンジャー）を披露しているアイドルグループであり、さらに「松原かずひろ（渋谷・村上）」「山田（丸山・安田）」というコンビで漫才を披露することで、ワイドショーでも「おもろ格好良いアイドル」と紹介されるほど、ブランドとして社会的に認知されている。

（1）（2）が、新しいカテゴリーのブランドを確立し、周囲との関係を取り持つコミュニケーション要素に訴えかけているものであり、関ジャニ∞のRELATE（準拠集団や文化

表7－3　関ジャニ∞の経験価値モジュールによる分析

経験価値モジュール	関ジャニ∞が有する経験価値
SENSE（感覚的経験価値）	・奇抜で面白いタイトルやインパクトの強い曲が多い ・ジャニーズアイドルとは思えない奇抜で派手、面白い衣装を使用する ・それぞれ個性豊かなメンバーが集まっている
FEEL（情緒的経験価値）	・テレビ、コンサート、雑誌などで純粋なありのままの姿を出している ・スーパーアイドルでありながら、一般人と同じような挫折を味わっている ・完璧な星の王子様ではなく、身近なクラスの人気者を目指している ・地域密着型アイドルである
THINK（創造的・認知的経験価値）	・歌って踊るだけではなく、その他のパフォーマンスでも魅せる ・ジャニーズという枠組みを超えた予測できないアイドルグループである
ACT（肉体的経験価値とライフスタイル全般）	・特徴を生かしたTVCMを行っている ・濃厚な関西弁の歌詞を使っている
RELATE（準拠集団や文化との関連づけ）	・eighter（エイター）という集団が存在する ・おもろ格好良い系というカテゴリーを確立している

との関連づけ）といえる。

以上、関ジャニ∞が有する5つの経験価値である、SENSE（感覚的経験価値）、FEEL（情緒的経験価値）、THINK（創造的・認知的経験価値）、ACT（肉体的経験価値とライフスタイル全般）、RELATE（準拠集団や文化との関連づけ）をまとめると、表7－3のようになる。

7・5　KAT-TUNの経験価値

7・5・1　SENSE（感覚的経験価値）

（1）耳に残りやすく話題性のある曲が多い

ジャニーズには珍しく、ロック調の曲が多く、小田和正、B'zの松本孝弘など、有名アーティストからの楽曲提供も多い。また歌詞に「つまらねぇ」「俺」「〜ぜ」「すんじゃねぇ」「とまらねぇ」など、現代の若者言葉が多く使用されており、耳に残る。

（2）男らしく、セクシーなメンバーが揃っている

それぞれのメンバーは、男らしく、セクシーな容姿であり、扇情的・官能的なダンスや歌い方、パフォーマンスでセクシーさをさらにアピールしている。

（1）（2）が、顧客の視覚や聴覚などの感覚的要素に訴えかけているものであり、KAT-TUNのSENSE（感覚的経験価値）といえる。

7・5・2 FEEL（情緒的経験価値）

（1）身近な自分の恋人として想像、妄想しやすい

髪型や話し方が現代の若者風であるため、女性は、KAT‐TUNのメンバーをアイドルというよりも、一人の男性として、とても身近な自分の恋人として想像・妄想しやすい。

（2）年齢層の高い女性にときめきを与えている

若くて格好良い男性と年上の女性との恋愛模様を描いたドラマ「アネゴ（赤西仁）」や「サプリ（亀梨和也）」に出演し、年上の女性への恋心をアピールすることで、年齢層の高い女性に安らぎと親近感を与えた。

（3）扇情的、官能的な魅力で女性を高揚させる

今までのアイドルは、爽やかな笑顔が普通であったが、KAT‐TUNは扇情的・官能的なダンスや歌い方、パフォーマンスを行うことで、より心に訴えている。

（1）～（3）が、親近感、肌感覚、安心感、安堵感を与えており、情緒的要素に訴えかけているものであり、KAT‐TUNのFEEL（情緒的経験価値）といえる。

7・5・3　THINK（創造的・認知的経験価値）

（1）デビュー時の記録的話題が大きい

東京ドーム初のCDデビュー前のアーティストによる単独ライブを行い、シングル「Real Face」、アルバム「Best of KAT-TUN」、DVD「Real Face Film」のトリプルデビューを果たし、三作品がそれぞれオリコンチャートで一位になった。また有線リクエスト、着うたダウンロードでも一位を獲得し、五冠に輝いた他、デビュー曲でミリオンセラーを達成し、今までにないアイドルを創造させた。

（2）大人の愛を歌うことが多い

通常のアイドルは、恋や応援歌など、爽やかで健全なイメージの歌が多いが、KAT－TUNは、大人の愛を思わせる曲が多く、ダンスも男らしく、セクシーな振り付けのため、そのギャップから、どのようなアイドルなのかを考えてしまう。

（1）（2）が、知的要素に訴えかけているものであり、KAT－TUNのTHINK（創造的・認知的経験価値）といえる。

7・5・4　ACT（肉体的経験価値とライフスタイル全般）

（1）目立つ広告宣伝が行われている

通勤・通学などの人通りが多い東京（渋谷）・大阪（梅田）を中心に、駅、街中にKAT‐TUNメンバーの大きな広告ポスターが貼られ、大規模な広告が期間限定で行われている。かなり目につく広告によって、KAT‐TUNがライフスタイルの一部に溶け込むようになっている。

（2）さまざまなアーティストから楽曲が提供されている

KAT‐TUNのシングル曲は、スガシカオ、小田和正、B'z、氷室恭介など、さまざまな有名アーティストから提供された楽曲が多い。これによって、顧客は提供元のアーティストについて興味関心が湧き、そのアーティストの曲を聞いたり、知りたくなることで、一段とKAT‐TUNのことに興味関心を持つことになる。

（1）（2）が、肉体的またはライフスタイル全般要素に訴えかけているものであり、KAT‐TUNのACT（肉体的経験価値とライフスタイル全般）といえる。

7・5・5 RELATE（準拠集団や文化との関連づけ）

（1）ワイルド・セクシー系アイドルというカテゴリーを確立している

KAT-TUNは扇情的な眼差しやセクシーな振る舞い、官能的な雰囲気を醸し出す大人の色気や、少し悪さを漂わせるワイルドさとクールさで、「アイドル＝爽やか・笑顔」という定義を打ち払い、アイドルの新しいカテゴリーを創造している。これによって、アイドルらしいアイドルに飽きていた女性や、アイドルは子供っぽいという印象を持っていた年齢の高い女性からも支持を得ることができている。

（1）が、新しいカテゴリーのブランドを確立し、周囲との関係を取り持つコミュニケーション要素に訴えかけているものであり、KAT-TUNのRELATE（準拠集団や文化との関連づけ）といえる。

以上、KAT-TUNが有する5つの経験価値である、SENSE（感覚的経験価値）、FEEL（情緒的経験価値）、THINK（創造的・認知的経験価値）、ACT（肉体的経験価値とライフスタイル全般）、RELATE（準拠集団や文化との関連づけ）をまとめると、表7-4のようになる。

表7－4　KAT-TUNの経験価値モジュールによる分析

経験価値モジュール	KAT-TUNが有する経験価値
SENSE （感覚的経験価値）	・耳に残りやすく話題性のある曲が多い ・男らしく、セクシーなメンバーが揃っている
FEEL （情緒的経験価値）	・身近な自分の恋人として想像、妄想しやすい ・年齢層の高い女性にときめきを与えた ・扇情的、官能的な魅力で女性を高揚させる
THINK（創造的・認知的経験価値）	・デビュー時の記録的話題が大きい ・大人の愛を歌うことが多い
ACT （肉体的経験価値とライフスタイル全般）	・目立つ広告宣伝が行われる ・さまざまなアーティストから楽曲が提供されている
RELATE（準拠集団や文化との関連づけ）	・ワイルド・セクシー系アイドルというカテゴリーを確立している

7・6　Hey! Say! JUMPの経験価値

7・6・1　SENSE（感覚的経験価値）

(1) 幼さを残した爽やかな少年のような見た目

甘いルックスで、グループ全体の年齢も若いため、清潔感、元気に溢れた可愛らしい少年の外見を持っている。さらにそれに見合うお揃いのポップで可愛らしい衣装が多く起用されている。

(2) 応援したくなる、支えたくなる子犬系のアイドルである

若い女の子には、「格好可愛い同年の男の子」、年上の女性には、「自分が成長させてあげたくなる可愛い男の子」という見た目から、ま

るで子犬のようなイメージを与える。

（3）今どきの好青年像を感じられる

奇抜すぎない爽やかな見た目と笑顔で、現代の「理想の彼氏」「理想の息子」とされるような容姿である。また優しく一生懸命な雰囲気も、より一層好青年像のイメージを強くさせている。

（4）同じ単語を繰り返す歌詞が多く、耳に残りやすい

「ガンバレッツゴー」「Come On A My House」「夢見ましょう」という特徴的なワードをかなり多く繰り返すことで、耳に残りやすく記憶にも残る。またその際に、「JUMP」や「OH」などといったコーラスの掛け合いの言葉も組み合わさり、さらに耳に残りやすい。

（1）～（4）が顧客の視覚や聴覚などの感覚的要素に訴えかけているものであり、Hey! Say! JUMPのSENSE（感覚的経験価値）といえる。

7・6・2　FEEL（情緒的経験価値）

（1）無邪気な笑顔とトークで癒される

常に元気で無邪気なHey! Say! JUMPは、「可愛らしい子犬、子猫」や「理想の息子」を見ているような気持ちになり、安心感や安堵感を与える。また、メンバー同士の掛け合いや、トークでのボケとツッコミなどは、親しみを与え、ずっと見ていたい、ずっと近くに居たいという気持ちにさせる。

（2）アップテンポな曲が多く、元気をもらえる安堵感が得られる

「Hey」や「JUMP」といった掛け声から曲へ入っていくものが多く、曲の出だしからアップテンポなものが多い。また「今を生きていけ」「まだ終わりじゃないよ」「君はNo.1」などというような元気をくれるポジティブな歌詞が多く、一緒に頑張ってくれているように感じられ、安堵感が得られる。

（3）距離が近く感じられる

アイドルであるが、まだ学生であるため、若い女性は、自分たちと同じように学校へ通いながら生活していることに親近感を感じる。

（1）～（3）が、親近感、肌感覚、安心感、安堵感を与えており、情緒的要素に訴えかけているものであり、Hey! Say! JUMP のＦＥＥＬ（情緒的経験価値）といえる。

7・6・3 ＴＨＩＮＫ（創造的・認知的経験価値）

（1）子供から大人へ成長する姿を想像させる

デビュー当時は、明るくポップな無邪気でやんちゃなグループであったが、年を重ねるごとに、セクシーで、大人っぽい楽曲や、男らしい衣装が使用されるようになった事で、そのギャップを考えさせられる。「ＪＵＭＰ最近格好良くない？」「ちょっと色気が出てきてない？」などの子供から大人へ成長する姿を想像させられる。

（2）今までのジャニーズにはない大人数の構成である

Hey! Say! JUMP は、「Hey! Say! 7」と「Hey! Say! BEST」の2つのグループからできており、人数が10人で、今までの5～6人でのグループ構成であったジャニーズでは、最多人数となっている。アイドルの大人数構成という面で、新規性の高い新たな試みであることから、Hey! Say! JUMP について、さまざまな創造性が生まれてくる。

（1）（2）が、知的要素に訴えかけているものであり、Hey! Say! JUMP のTHINK（創造的・認知的経験価値）といえる。

7・6・4　ACT（肉体的経験価値とライフスタイル全般）

（1）Hey! Say! JUMP のライブ開催は長期間で行われる

ライブの開催が7～11月の期間で行われ、他のグループに比べかなり長く、夏休みを含む長期開催によって、月に1回、3ヶ月に1回と、日頃のライフスタイルに合わせ、習慣的に参加しやすくなっている。

（2）ライフスタイルとマッチした庶民的な商品CMを行っている

任天堂のWii、ハウスバーモンドカレー、セブンイレブン、ブルボンなどの日頃から多くの接点がある、庶民的な商品CMを行うことが多く、Hey! Say! JUMP のCMに日常的に接することで、Hey!Say! JUMP がライフスタイルの一部に溶け込むようになっている。

（1）（2）が、肉体的またはライフスタイル全般要素に訴えかけているものであり、Hey! Say! JUMP のACT（肉体的経験価値とライフスタイル全般）といえる。

7・6・5 RELATE（準拠集団や文化との関連づけ）

（1）「とびっこ」と呼ばれる集団が存在する

Hey! Say! JUMPの八乙女光が考え出したファンの名称であり、Hey! Say! JUMPのファンは、「とびっこ」と総称されることが多い。またこの他にも「Juliet」「JUMper」「pジャンピングガール」といった名称が存在し、Hey! Say! JUMPのファンになったタイミングや地域、ファンの考えによって、さまざまなHey! Say! JUMPファンの名称が存在し、この名称を使用することで、準拠集団を作りあげている。

（2）現代（平成）の特徴的な大人数アイドルである

「AKB48」グループなどの現代の女性アイドルグループや、「EXILE TRIBE」などの現代の男性グループが大人数化されている中で、アイドルが大人数グループとなった原型はHey! Say! JUMPからであり、現在の大人数アイドルグループというカテゴリーを形成したといえる。さらに、メンバー全員が平成生まれで、最も若いグループであることからも、現代の特徴的なアイドルカテゴリーを創ったグループである。

（1）（2）が、新しいカテゴリーのブランドを確立し、周囲との関係を取り持つコミュニ

表7－5　Hey! Say! JUMPの経験価値モジュールによる分析

経験価値モジュール	Hey! Say! JUMPが有する経験価値
SENSE（感覚的経験価値）	・幼さを残した爽やかな少年のような見た目 ・応援したくなる、支えたくなる子犬系のアイドルである ・今どきの好青年像を感じられる ・同じ単語を繰り返す歌詞が多く、耳に残りやすい
FEEL（情緒的経験価値）	・無邪気な笑顔とトークで癒される ・アップテンポな曲が多く、元気をもらえる安堵感が得られる ・距離が近く感じられる
THINK（創造的・認知的経験価値）	・子供から大人へ成長する姿を想像させる ・今までのジャニーズにはない大人数の構成である
ACT（肉体的経験価値とライフスタイル全般）	・Hey! Say! JUMPのライブ開催は長期間で行われる ・ライフスタイルとマッチした庶民的な商品CMを行っている
RELATE（準拠集団や文化との関連づけ）	・「とびっこ」と呼ばれる集団が存在する ・現代（平成）の特徴的な大人数アイドルである

ケーション要素に訴えかけているものであり、Hey! Say! JUMPのRELATE（準拠集団や文化との関連づけ）といえる。

以上、Hey! Say! JUMPが有する5つの経験価値である、SENSE（感覚的経験価値）、FEEL（情緒的経験価値）、THINK（創造的・認知的経験価値）、ACT（肉体的経験価値とライフスタイル全般）、RELATE（準拠集団や文化との関連づけ）をまとめると、表7－5のようになる。

7・7 小括

以上のように、「嵐」「NEWS」「関ジャニ∞」「KAT‐TUN」「Hey! Say! JUMP」を経験価値創造の視点から分析した結果、SENSE（感覚的経験価値）、FEEL（情緒的経験価値）、THINK（創造的・認知的経験価値）、ACT（肉体的経験価値とライフスタイル全般）、RELATE（準拠集団や文化との関連づけ）の5つの経験価値すべてが用備されていた。このことから、ジャニーズアーティストが提供・創造している価値は、競争優位を得る一つの方法として注目を集めている「経験価値」を持ち合わせており、ジャニーズ事務所は競争優位を得られているといえる。

また五グループが提供・創造している経験価値の中身は、それぞれ異なっており、女性が求めるさまざまなニーズに対応することが可能な商品（アーティスト・グループ）になっており、多くの人から好まれる商品（アーティスト・グループ）になっている。そしてこのことは、ジャニーズ事務所が創り上げてきた競争優位が適切に機能し、きちんと商品（アーティスト・グループ）に実現されているからである。企業内部のコントロールに有効なシステムだけでなく、顧客や市場という企業の外にある不確実性要素に対しても、コントロールが有効に機能するシステムを構築できていることが、この経験価値創造の視点からの分析で理解できる。

【参考文献】

［1］吉福伸逸監訳（1987）：『パラダイム・シフト』、TBSブリタニカ
［2］電通「経験経済」研究会訳（2000）：『経験経済』、流通科学大学出版
［3］嶋村和恵・広瀬盛一訳（2000）：『経験価値マーケティング』、ダイヤモンド社
［4］長沢伸也編（2005）：『ヒットを生む経験価値創造』、日科技連出版社
［5］長沢伸也編（2006）：『老舗ブランド企業の経験価値創造』、同友館
［6］長沢伸也編（2007）：『経験価値ものづくり』、日科技連出版社
［7］長沢伸也・染谷高士（2007）：『老舗ブランド「虎屋」の伝統と革新』、晃洋書房
［8］長沢伸也編（2009）：『地場・伝統産業のプレミアムブランド戦略』、同友館

第 8 章

ジャニーズアーティストの選好意識調査

第8章では、ジャニーズアーティストの選好要因とはどのようなものなのか、どのような価値が調えば、消費者から支持が得られるのかという選好要因の分析を定量的に行う。またジャニーズ事務所のアーティスト創造の戦略である「個性の異なる集合体」としてのグループが認知されているかを実態調査する。そのため、現在人気の高い「SMAP」「TOKIO」「V6」「嵐」「NEWS」「関ジャニ∞」「KAT-TUN」の7グループについて、各アーティストの評価を行ってもらい、ジャニーズアーティストの選好要因を分析し、本書で導出したジャニーズ事務所のアーティスト創造の戦略を検証する。

なお本調査は、2007年に実施されたものであり、以降の断定的に記述されている内容は、(その当時の)本調査の評価アーティストや調査対象者に限定して理解すべきものである。

8・1 定性調査によるアーティスト評価の選好用語の抽出

まず定性データによる側面からジャニーズアーティストの選好用語を考察する。アーティストを好きになる要素は、どのような側面であるのか、その要素の項目を抽出するため、地方都市にある文科系の女子大学生30人に対して評価グリッド調査[1]を行った。

評価するアーティストは、「SMAP」「TOKIO」「V6」「嵐」「NEWS」「関ジャニ

∞」「KAT-TUN」の7グループに所属する計41人である（2007年当時のグループ構成で調査している）。調査には、写真付きのプロフィール資料も提示し、各アーティストがどのようなアーティストであるのか、ある程度理解をしてもらい、評価をしてもらった。また評価用語の抜けがないかを確認するため、評価グリッド調査の対象者とは別の地方都市にある文科系の女子大学生3グループ（各5〜6人）、計16人に対して、ジャニーズアーティストを評価する選好項目について、グループ・インタビュー調査[2]も行った。

評価グリッド調査の結果を図8-1に示す。中位概念はアーティスト選択時における選好基準を表し、上位概念はその選好基準の裏にある潜在ニーズを、下位概念はその選好基準の具体的な内容を表し、関連のある各項目は線で結び、回答の多かった項目は、太枠で囲んでいる。図8-1の評価構造図より、ジャニーズアーティストに対する嗜好性（好き／嫌い）に影響する評価項目は、「格好良い」「可愛い」「面白い」「ギャップがある」「歌が上手」「優しそう」「頑張っている」「頼りになりそう」「セクシー」「さわやか」の10項目が抽出された。また上位概念（潜在ニーズ）として、最終的にジャニーズアーティストによって満たされたいことは、「癒されたい」「ときめきたい」「楽しみたい」のキーワードであった。この用語に関して、グループ・インタビュー調査を行った結果、ほぼ同様な用語が抽出されたことで、本用語を用いて、次の定量調査で数量的な分析を行っていく。

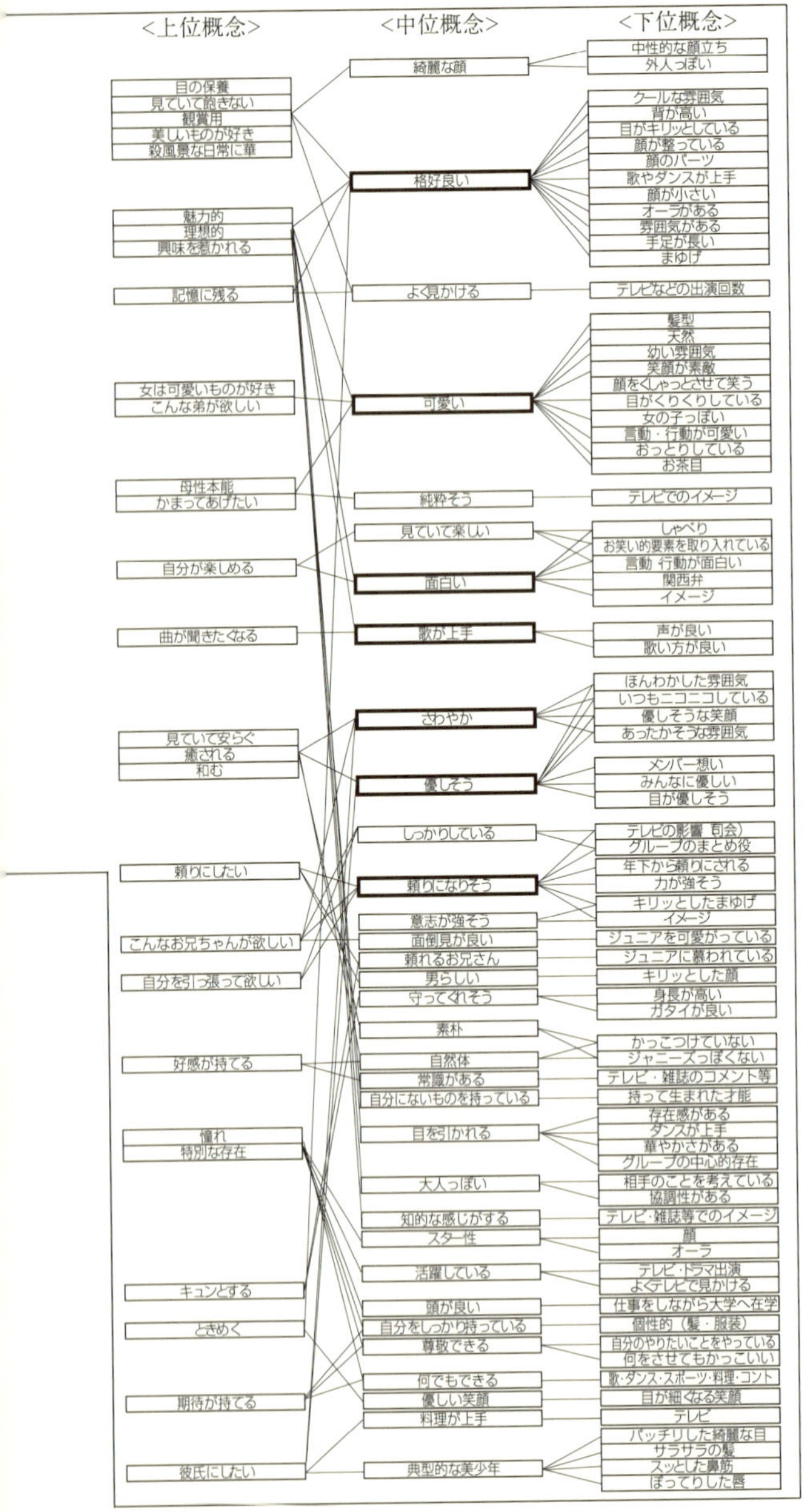
<上位概念>
<中位概念>
<下位概念>
目の保養
見ていて飽きない
観賞用
美しいものが好き
殺風景な日常に華
魅力的
理想的
興味を惹かれる
記憶に残る
女は可愛いものが好き
こんな弟が欲しい
母性本能
かまってあげたい
自分が楽しめる
曲が聞きたくなる
見ていて安らぐ
癒される
和む
頼りにしたい
こんなお兄ちゃんが欲しい
自分を引っ張って欲しい
好感が持てる
憧れ
特別な存在
キュンとする
ときめく
期待が持てる
彼氏にしたい
綺麗な顔
格好良い
よく見かける
可愛い
純粋そう
見ていて楽しい
面白い
歌が上手
さわやか
優しそう
しっかりしている
頼りになりそう
意志が強そう
面倒見が良い
頼れるお兄さん
男らしい
守ってくれそう
素朴
自然体
常識がある
自分にないものを持っている
目を引かれる
大人っぽい
知的な感じがする
スター性
活躍している
頭が良い
自分をしっかり持っている
尊敬できる
何でもできる
優しい笑顔
料理が上手
典型的な美少年
中性的な顔立ち
外人っぽい
クールな雰囲気
背が高い
目がキリッとしている
顔が整っている
顔のパーツ
歌やダンスが上手
顔が小さい
オーラがある
雰囲気がある
手足が長い
まゆげ
テレビなどの出演回数
髪型
天然
幼い雰囲気
笑顔が素敵
顔をくしゃっとさせて笑う
目がくりくりしている
女の子っぽい
言動・行動が可愛い
おっとりしている
お茶目
テレビでのイメージ
しゃべり
お笑い的要素を取り入れている
言動 行動が面白い
関西弁
イメージ
声が良い
歌い方が良い
ほんわかした雰囲気
いつもニコニコしている
優しそうな笑顔
あったかそうな雰囲気
メンバー想い
みんなに優しい
目が優しそう
テレビの影響（司会）
グループのまとめ役
年下から頼りにされる
力が強そう
キリッとしたまゆげ
イメージ
ジュニアを可愛がっている
ジュニアに慕われている
キリッとした顔
身長が高い
ガタイが良い
かっこつけていない
ジャニーズっぽくない
テレビ・雑誌のコメント等
持って生まれた才能
存在感がある
ダンスが上手
華やかさがある
グループの中心的存在
相手のことを考えている
協調性がある
テレビ・雑誌等でのイメージ
顔
オーラ
テレビ・ドラマ出演
よくテレビで見かける
仕事をしながら大学へ在学
個性的（髪・服装）
自分のやりたいことをやっている
何をさせてもかっこいい
歌・ダンス・スポーツ・料理・コント
目が細くなる笑顔
テレビ
パッチリした綺麗な目
サラサラの髪
スッとした鼻筋
ぽってりした唇

ティストの評価構造図

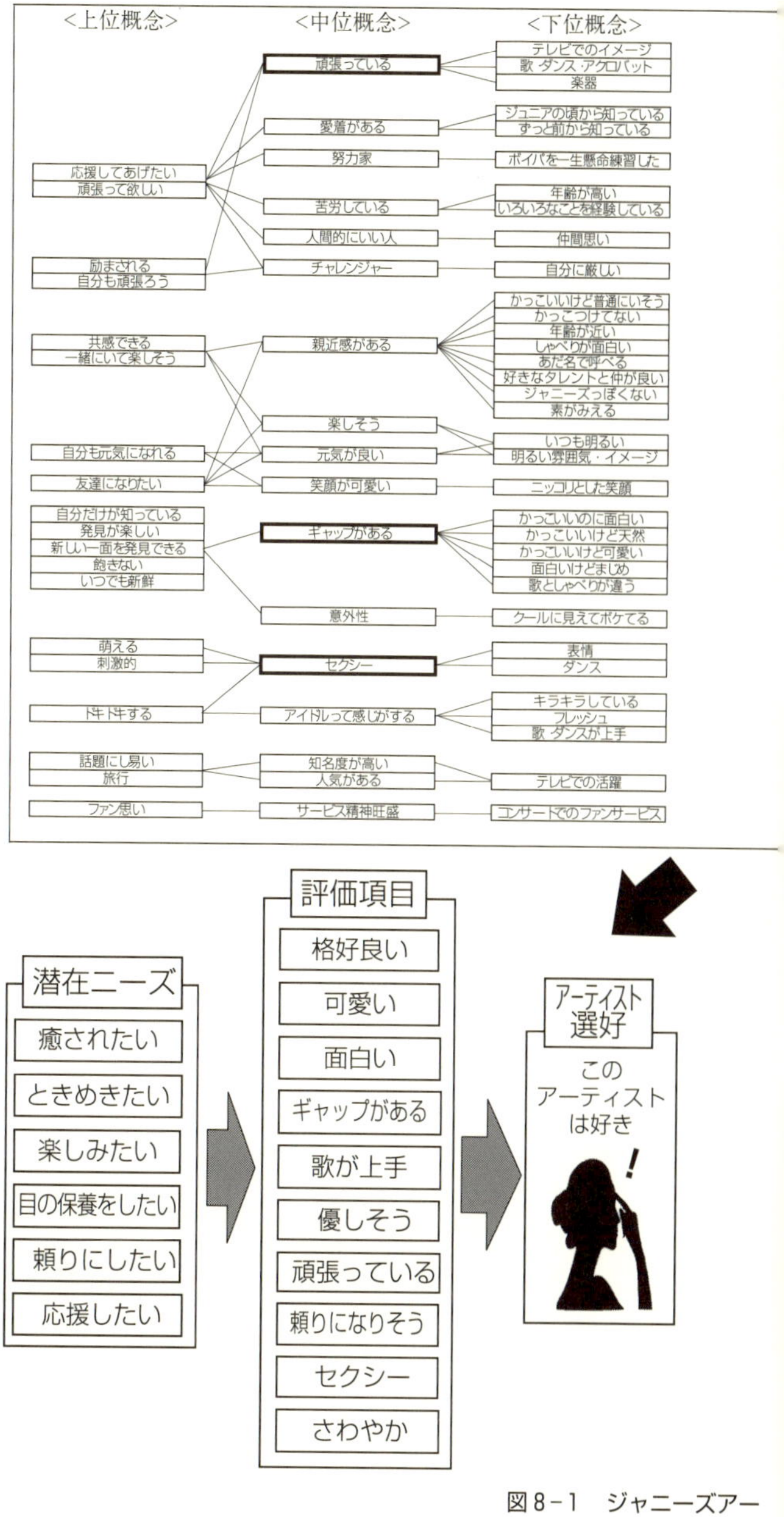

<上位概念>
<中位概念>
<下位概念>
頑張っている
テレビでのイメージ
歌 ダンス・アクロバット
楽器
愛着がある
ジュニアの頃から知っている
ずっと前から知っている
努力家
ボイパを一生懸命練習した
応援してあげたい
頑張って欲しい
苦労している
年齢が高い
いろいろなことを経験している
人間的にいい人
仲間思い
励まされる
自分も頑張ろう
チャレンジャー
自分に厳しい
共感できる
一緒にいて楽しそう
親近感がある
かっこいいけど普通にいそう
かっこつけてない
年齢が近い
しゃべりが面白い
あだ名で呼べる
好きなタレントと仲が良い
ジャニーズっぽくない
素がみえる
楽しそう
自分も元気になれる
元気が良い
いつも明るい
明るい雰囲気・イメージ
友達になりたい
笑顔が可愛い
ニッコリとした笑顔
自分だけが知っている
発見が楽しい
新しい一面を発見できる
飽きない
いつでも新鮮
ギャップがある
かっこいいのに面白い
かっこいいけど天然
かっこいいけど可愛い
面白いけどまじめ
歌としゃべりが違う
意外性
クールに見えてボケてる
萌える
刺激的
セクシー
表情
ダンス
ドキドキする
アイドルって感じがする
キラキラしている
フレッシュ
歌 ダンスが上手
話題にし易い
旅行
知名度が高い
人気がある
テレビでの活躍
ファン思い
サービス精神旺盛
コンサートでのファンサービス
潜在ニーズ
癒されたい
ときめきたい
楽しみたい
目の保養をしたい
頼りにしたい
応援したい
評価項目
格好良い
可愛い
面白い
ギャップがある
歌が上手
優しそう
頑張っている
頼りになりそう
セクシー
さわやか
アーティスト選好
この
アーティスト
は好き
!

図8−1　ジャニーズアー

8・2 ジャニーズアーティストに関する意識調査の概要

次に定量データによる側面からジャニーズアーティストの選好要因を考察する。ジャニーズアーティストを好きになる要素を、客観的にまた定量的に考察するため、地方都市にある文科系の女子大学生71人と女子高校生100人の計171人に対してアンケート調査を行った。

評価するアーティストは、「SMAP」「TOKIO」「V6」「嵐」「NEWS」「関ジャニ∞」「KAT-TUN」の7グループに所属する計41人で、定性調査によって抽出された選好評価用語を用いて、すべてのアーティストについて評価してもらった（2007年当時のグループ構成で調査している）。評価の時には、評価グリッド調査の時に使用した写真付きのプロフィール資料を用いて、各アーティストすべてについて評価してもらった。アンケートの一部を図8-2〜8-4に示す。

まず回答者の属性を考察すると、図8-5から、年齢は17歳〜19歳が中心で、休日や暇な時（図8-6参照）は、ショッピング、友人とお喋り、部屋でゴロゴロする、TVを観るなどを行っている人が多く、性格（図8-7参照）では、優柔不断、好奇心旺盛、のんき、他人の目を気にするなどが多く、普段良く見るテレビ番組（図8-8参照）は、ドラマ、バラエティー、

ここから質問が始まります

＊芸能人についてお尋ねします。

Q1.　芸能人に興味がありますか？

01. 非常にある　02. ある　03. どちらともいえない　04. ない　05. 全くない

Q2.　最も好きな芸能人のジャンルは次のうちどれですか？

01. お笑い　02. 俳優　03. 歌手　04. ビジュアル系　05. モデル　06. その他（　　　　　　）

Q3.　あなたの好感の持てる男性芸能人のタイプは次のうちどれですか？（〇はいくつでも）

01. かっこいい	02. かわいい	03. 顔がきれい	04. 背が高い	05. 筋肉質
06. たくましい	07. おしゃれ	08. いつも笑顔	09. おもしろい	10. 性格が良い
11. 優しい	12. 男らしい	13. 自然体	14. 純粋そう	15. 頼れる
16. 癒される	17. 頑張っている	18. 歌が上手	19. 苦労している	20. 一緒にいて楽しそう
21. 声がいい	22. 曲が好き	23. ダンスが上手	24. 演技力がある	25. サービス精神旺盛
26. 常識がある	27. 頭がいい	28. 人気がある	29. 知名度が高い	30. セクシー
31. ワイルド	32. さわやか	33. 大人っぽい	34. 無邪気	

35. ギャップがある（具体的に　　　　　　　　　　　　　　）

36. その他（　　　　　　　　　　　　　　）

Q4.　特に好きな芸能人はいますか？　いる場合は、その人の名前を教えてください。

01. いる（　　　　　　　　　　　　　　）　02. いない

＊ここからはジャニーズ事務所の所属アーティストについてお尋ねします。

Q5.　ジャニーズ事務所の所属アーティストは好きですか？

01. 大好き　02. 好き　03. どちらともいえない　04. 嫌い　05. 大嫌い

（★ 03～05 の選択肢を選んだ人はQ. 13 の質問へ）

Q6.　あなたの好きなジャニーズ事務所の所属グループに〇をつけてください。

特にファンだと思うものには◎をつけてください。（〇、◎はいくつでも）

01. SMAP　02. TOKIO　03. V6　04. 嵐

05. NEWS　06. 関ジャニ∞　07. KAT-TUN　08. その他（　　　　　　）

Q7.　ジャニーズ所属アーティストの中で、特に好きな人はいますか？

01. いる（名前　　　　　　　　　　　　　　）　02. いない

Q8.　ジャニーズ所属アーティストをいつごろ好きになりましたか？

01. 小学校低学年　02. 小学校中学年　03. 小学校高学年　04. 中学校　05. 高校　06. その他（　　　　　　）

図 8－2　調査票の一部 1

Q9. ジャニーズ所属アーティストを好きになったきっかけは何ですか？

01. 音楽番組　02. ドラマ　03. バラエティ番組　04. CM　05. ラジオ　06. 新聞・雑誌
07. コンサート　08. 看板　09. 友人が好きだった　10. 親戚・家族が好きだった　11. 街で見た
12. その他（　　　　　）

Q10. ジャニーズ所属アーティストを好きな理由は何ですか？（○はいくつでも）

01. かっこいい　02. かわいい　03. 顔がきれい　04. 背が高い　05. 筋肉質
06. たくましい　07. おしゃれ　08. いつも笑顔　09. おもしろい　10. 性格が良い
11. 優しい　12. 男らしい　13. 自然体　14. 純粋そう　15. 頼れる
16. 癒される　17. 頑張っている　18. 歌が上手　19. 苦労している　20. 一緒にいて楽しそう
21. 声がいい　22. 曲が好き　23. ダンスが上手　24. 演技力がある　25. サービス精神旺盛
26. 常識がある　27. 頭がいい　28. 人気がある　29. 知名度が高い　30. セクシー
31. ワイルド　32. さわやか　33. 大人っぽい　34. 無邪気　35. アクロバット
36. ドラマが好き　37. CMが好き　38. 恋人にしたい　39. 兄弟にしたい　40. キャラが好き
41. 愛着を感じる　42. ギャップがある（具体的に　　　　　）
43. その他（　　　　　）

Q11. ジャニーズ所属アーティストに何を求めていますか？（○はいくつでも）

01. かっこよさ　02. かわいさ　03. 顔のきれいさ　04. 背の高さ　05. 筋肉質な体
06. たくましさ　07. おしゃれさ　08. いつも笑顔　09. おもしろさ　10. 性格の良さ
11. 優しさ　12. 男らしさ　13. 自然体　14. 純粋さ　15. 頼りがい
16. 癒し　17. 努力　18. 歌の上手さ　19. 苦労している　20. 一緒にいて楽しそう
21. 声の良さ　22. 曲の良さ　23. ダンスの上手さ　24. 演技力　25. サービス精神旺盛さ
26. 常識がある　27. 頭の良さ　28. 人気の高さ　29. 知名度の高さ　30. セクシーさ
31. ワイルドさ　32. さわやかさ　33. 大人っぽさ　34. 無邪気さ　35. アクロバットの凄さ
36. ギャップ（具体的に　　　　　）
37. その他（　　　　　）

Q. 12 ジャニーズ事務所の所属アーティストの嫌いなところはどこですか？（○はいくつでも）

01. 顔　02. 体型　03. 髪型　04. 服装　05. かっこつけている
06. 歌が下手　07. 頭が悪い　08. 背が低い　09. 性格が悪い　10. 自意識過剰
11. 演技が下手　12. 童顔　13. 老け顔　14. ダンスが下手　15. おもしろくない
16. 子供っぽい　17. かっこ悪い　18. ダサい　19. アイドルっぽい
20. 髪型が似ていて見分けが付かない　21. 背格好が同じで見分けが付かない　22. 顔が皆同じような顔に見える
23. 服装が似ていて見分けが付かない　24. 雰囲気が似ていて見分けが付かない
25. その他（　　　　　）

図 8－3　調査票の一部 2

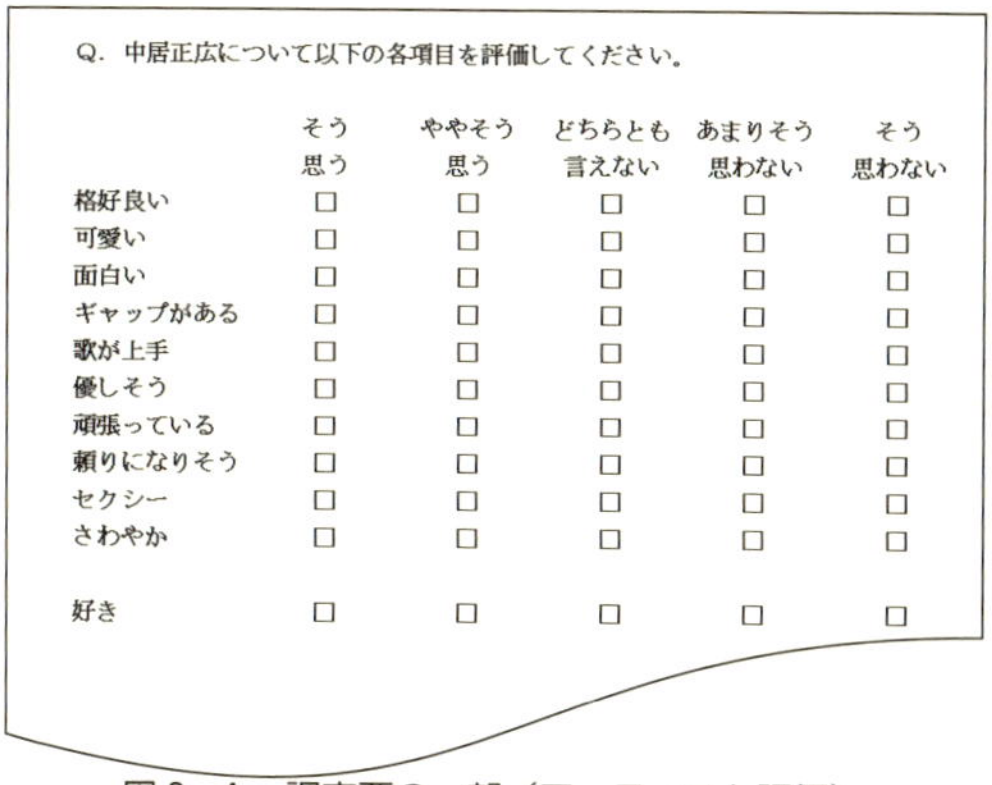

Q．中居正広について以下の各項目を評価してください。

	そう思う	ややそう思う	どちらとも言えない	あまりそう思わない	そう思わない
格好良い	□	□	□	□	□
可愛い	□	□	□	□	□
面白い	□	□	□	□	□
ギャップがある	□	□	□	□	□
歌が上手	□	□	□	□	□
優しそう	□	□	□	□	□
頑張っている	□	□	□	□	□
頼りになりそう	□	□	□	□	□
セクシー	□	□	□	□	□
さわやか	□	□	□	□	□
好き	□	□	□	□	□

図8－4　調査票の一部（アーティスト評価）

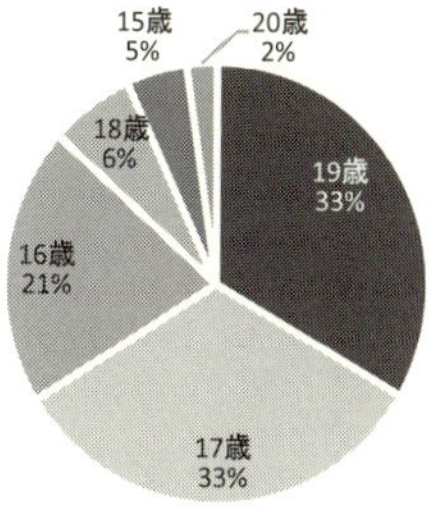

図8－5　回答者の年齢

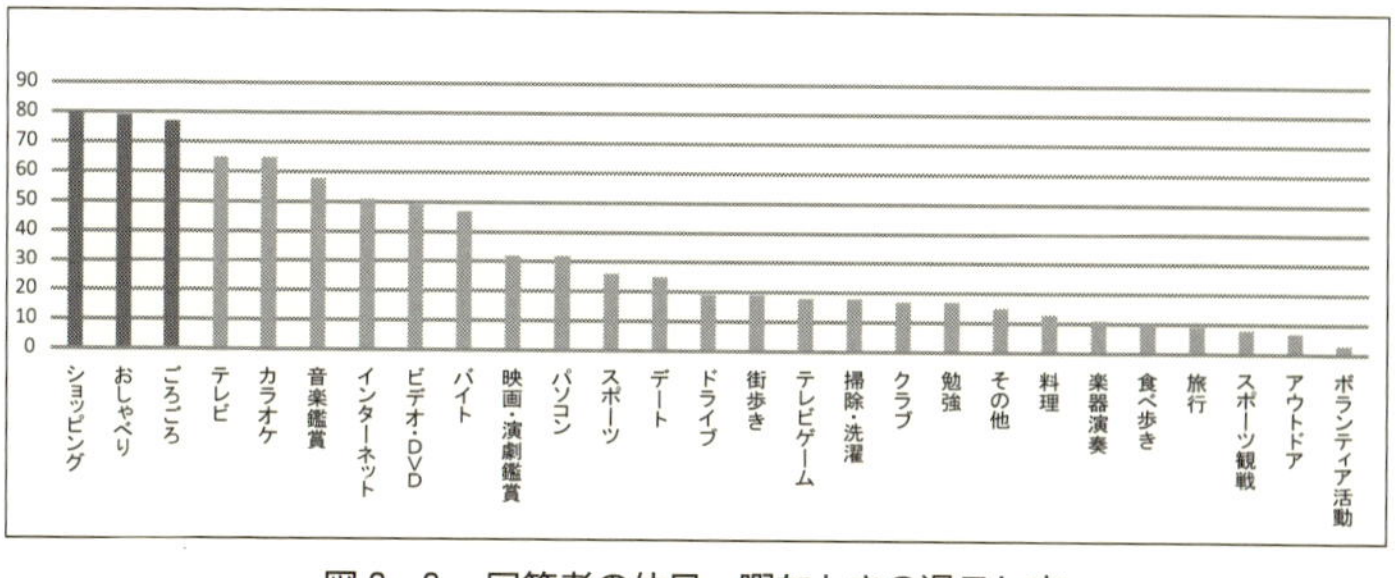

図8－6　回答者の休日、暇なときの過ごし方

音楽などが多く、好きなジャニーズアーティストの有無について（図8-9参照）は、丁度半数という回答を得ており、一般的な若い女性からデータが収集できているといえる。

次に芸能タレントに対する評価を考察すると、最も好きな芸能タレントのジャンルは、歌手、俳優、お笑いという順になっており（図8-10参照）、好感の持てる男性芸能人のタイプは、格好良い、面白い、お洒落、性格が良い、優しいであった（図8-11参照）。このことからも、ジャニーズ事務所の戦略である「歌って踊れ、演技もでき、コメディもできる」というアーティスト創造の戦略は、若い女性のニーズを適切に満たしているといえる。

次にジャニーズアーティストに対する評価を考察すると、ジャニーズアーティストに対する好意度では、「大好き・好き」を合わせて52％の人が好感を持っており、ジャニーズアーティストを嫌いと感じる人は全体の10％程度しかいなく（図8-12参照）、ジャニーズアーティストの好感度の高さが理解でき、その戦略の有用性も理解できる。またジャニーズアーティストを好きになったきっかけでは、音楽・ドラマ・バラエティー番組を観てが多く（図8-13参照）、多種類のTV番組出演による戦略も有効に機能していることがわかる。さらにジャニーズアーティストの好きな点は、格好良い、可愛い、面白い、兄弟にしたい、セクシーなどが多く挙がっている（図8-14参照）。またジャニーズアーティストに求めるものとしては、格好良さ、歌の上手さ、面白さ、ダンスの上手さ、可愛さを挙げており（図8-15

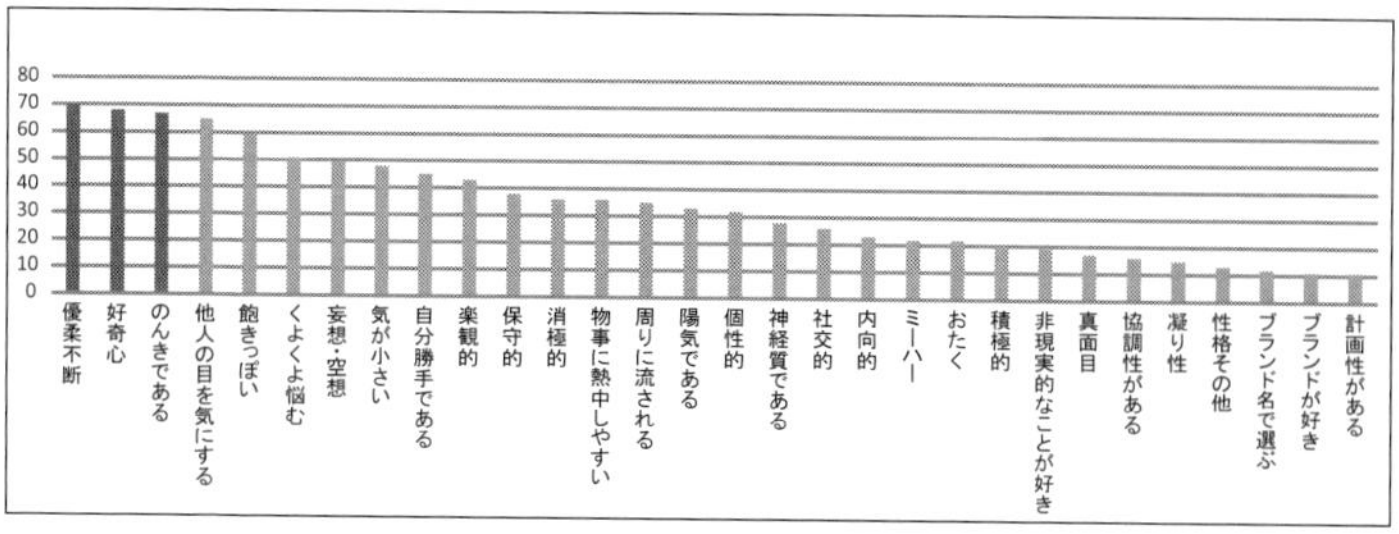

図8－7　回答者の性格

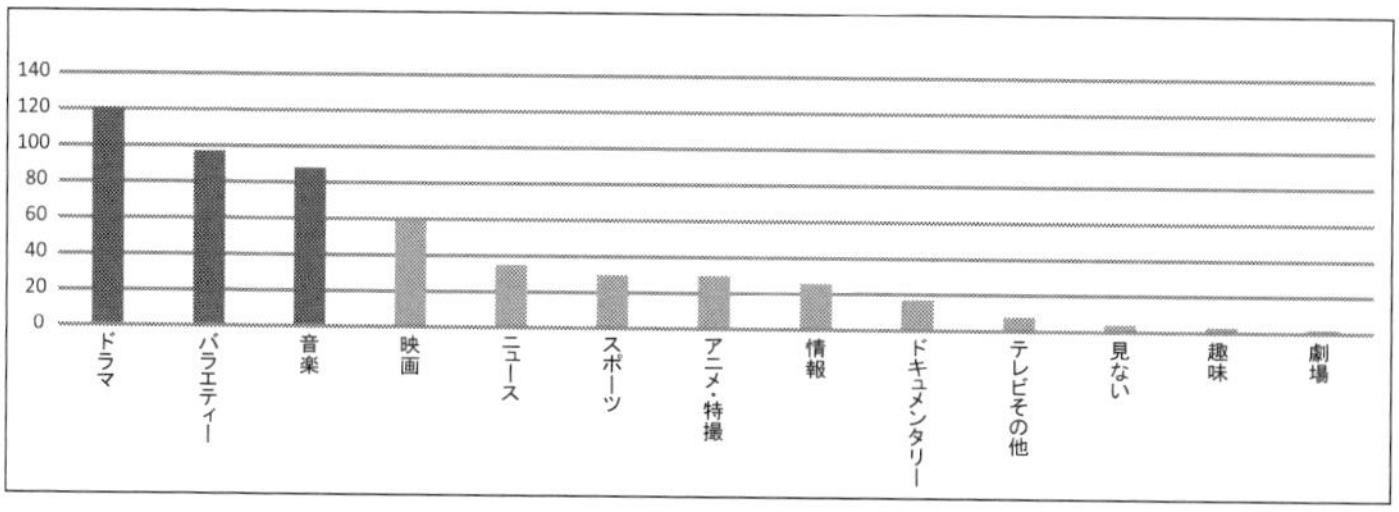

図8－8　回答者の普段良く見るテレビ番組

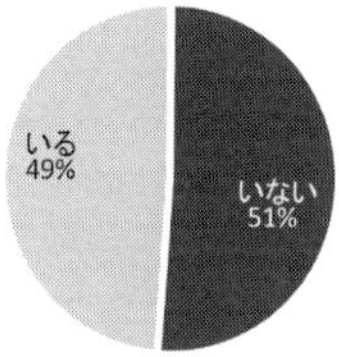

図8－9　好きなジャニーズアーティストの有無

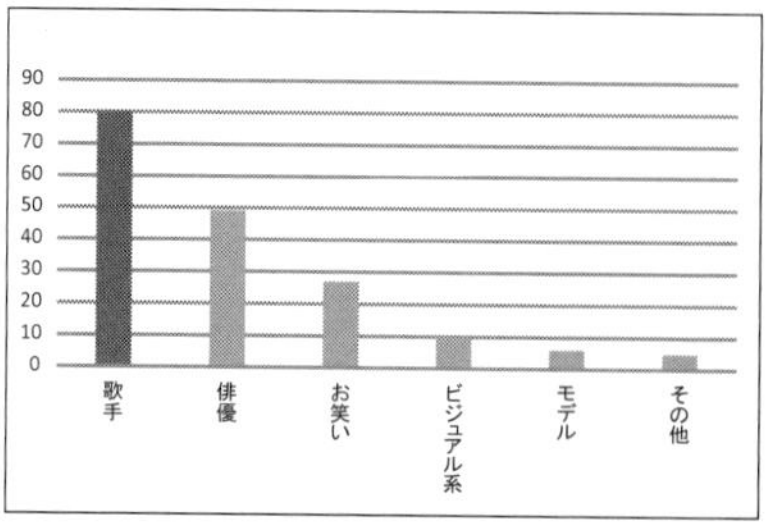

図8－10　最も好きな芸能タレントのジャンル

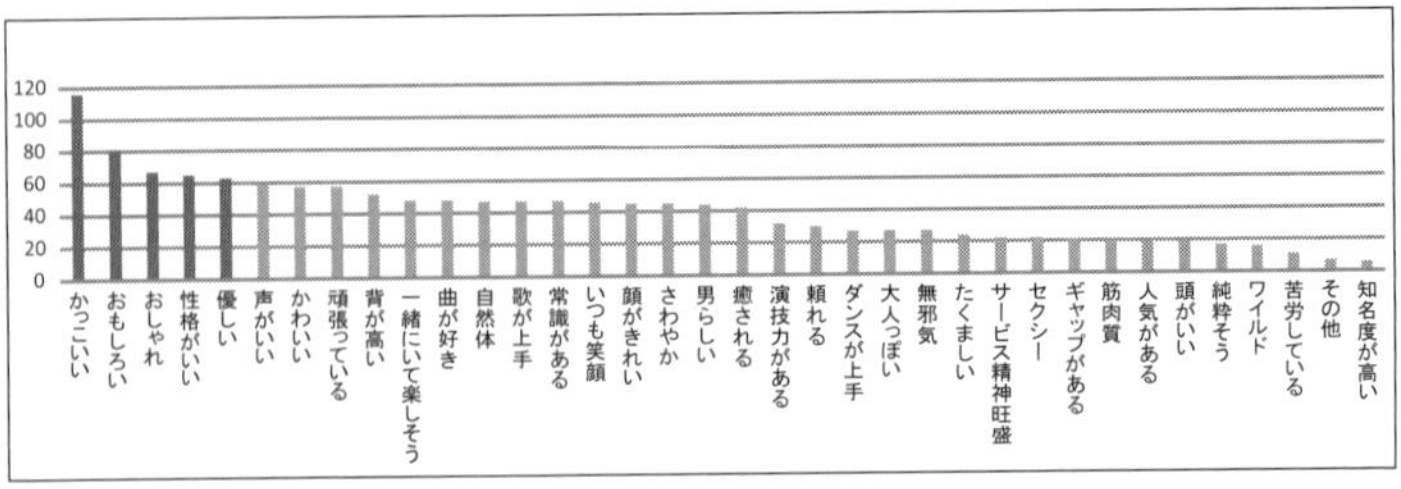

図8－11　好感の持てる男性芸能人のタイプ

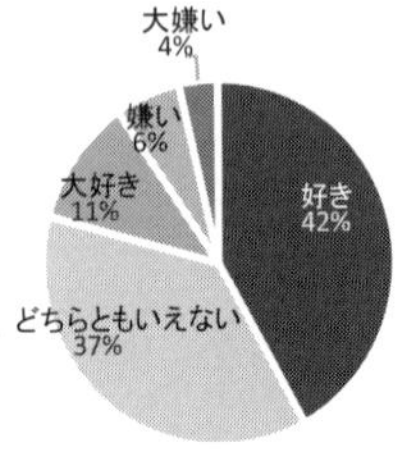

図8－12　ジャニーズアーティストに対する好意度

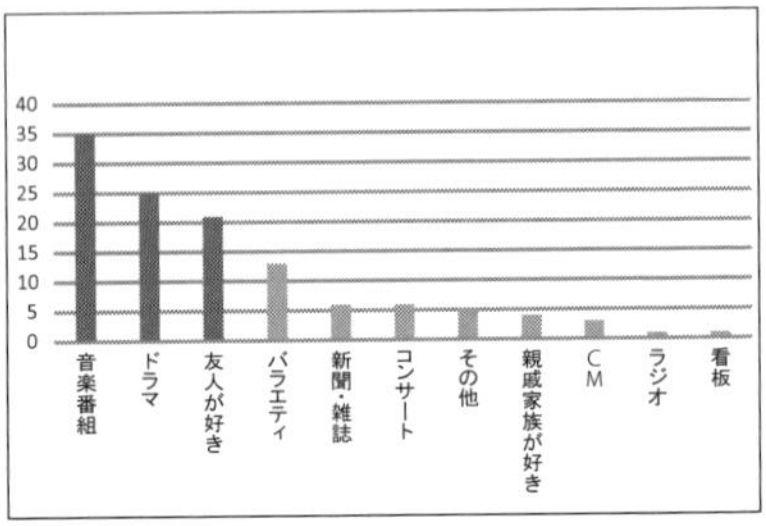

図8－13　ジャニーズアーティストを好きになったきっかけ

参照）、容姿だけでなく、歌やダンスの上手さ、面白さというアーティストとしての能力や技術も、ジャニーズアーティストは求められていることになる。恋人にしたい男性のタイプでは、優しさ、格好良さ、性格が良い、面白いを多く挙げており（図8-16参照）、ジャニーズアーティストに求める点と重なる所が多い。

次に各アーティストの選好評価を考察するために、「格好良い」「可愛い」「面白い」「ギャップがある」「優しそう」「頑張っている」「頼りになりそう」「セクシー」「さわやか」の評価項目の

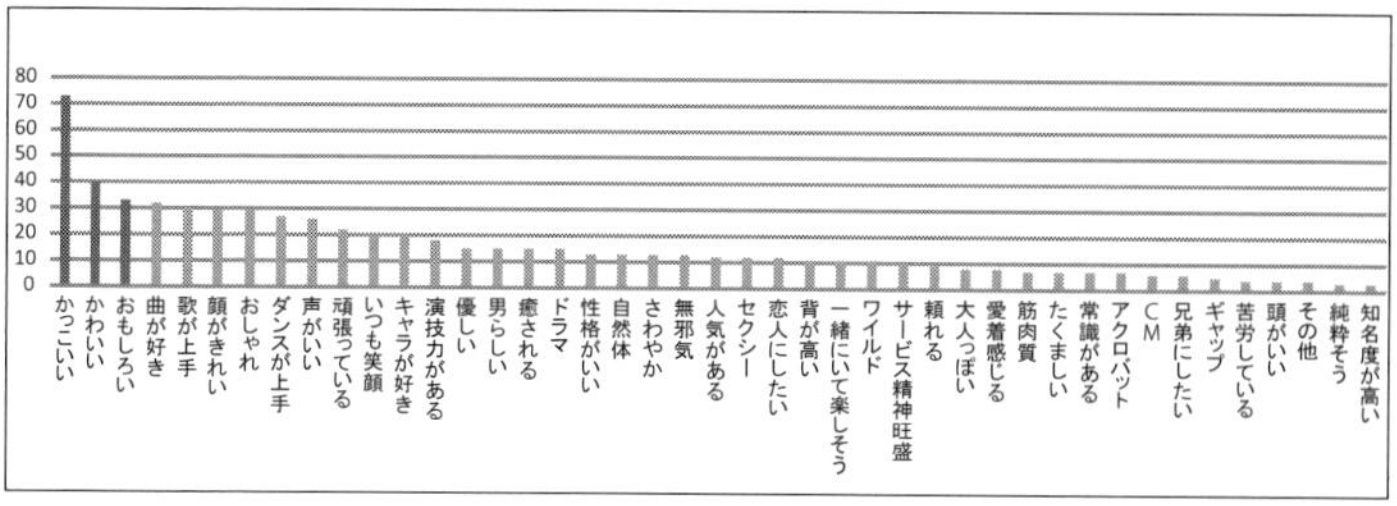

図 8-14　ジャニーズアーティストを好きな理由

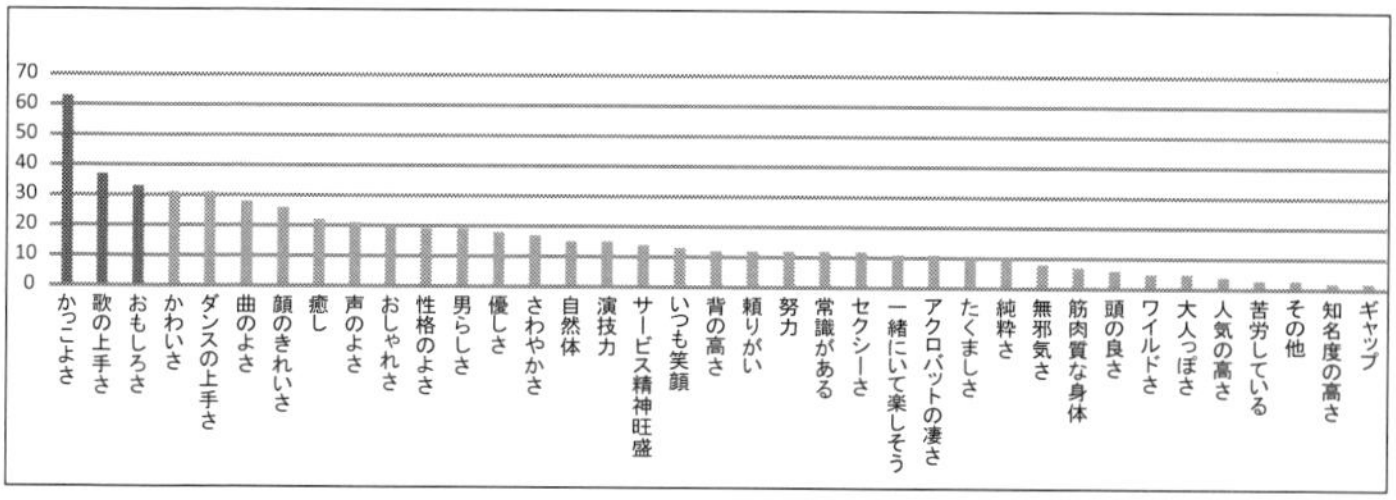

図 8-15　ジャニーズアーティストに求めるもの

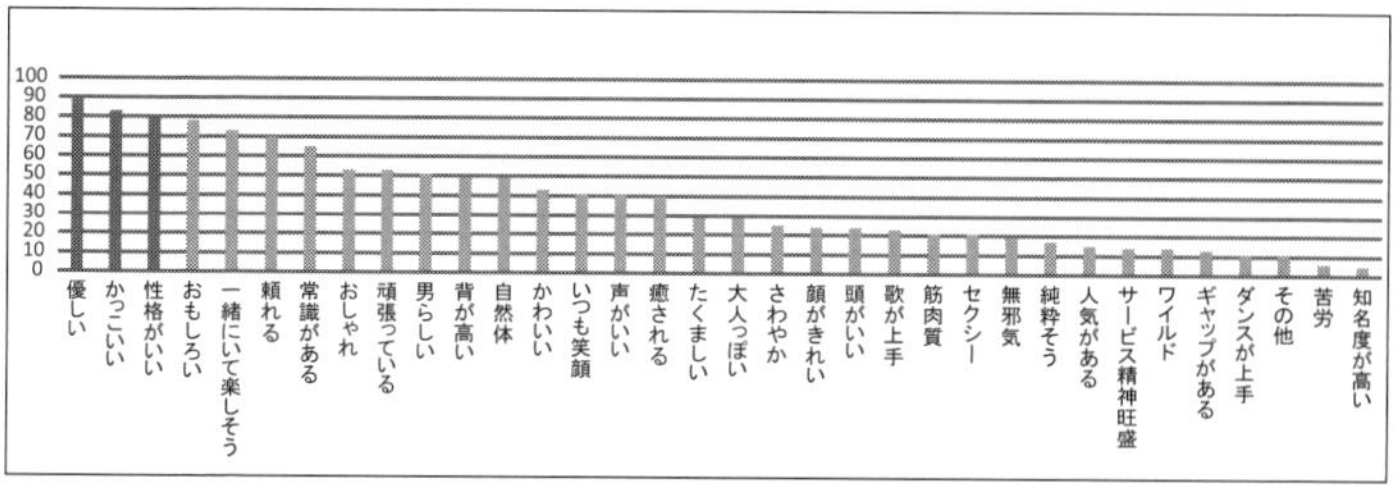

図 8-16　恋人にしたい男性のタイプ

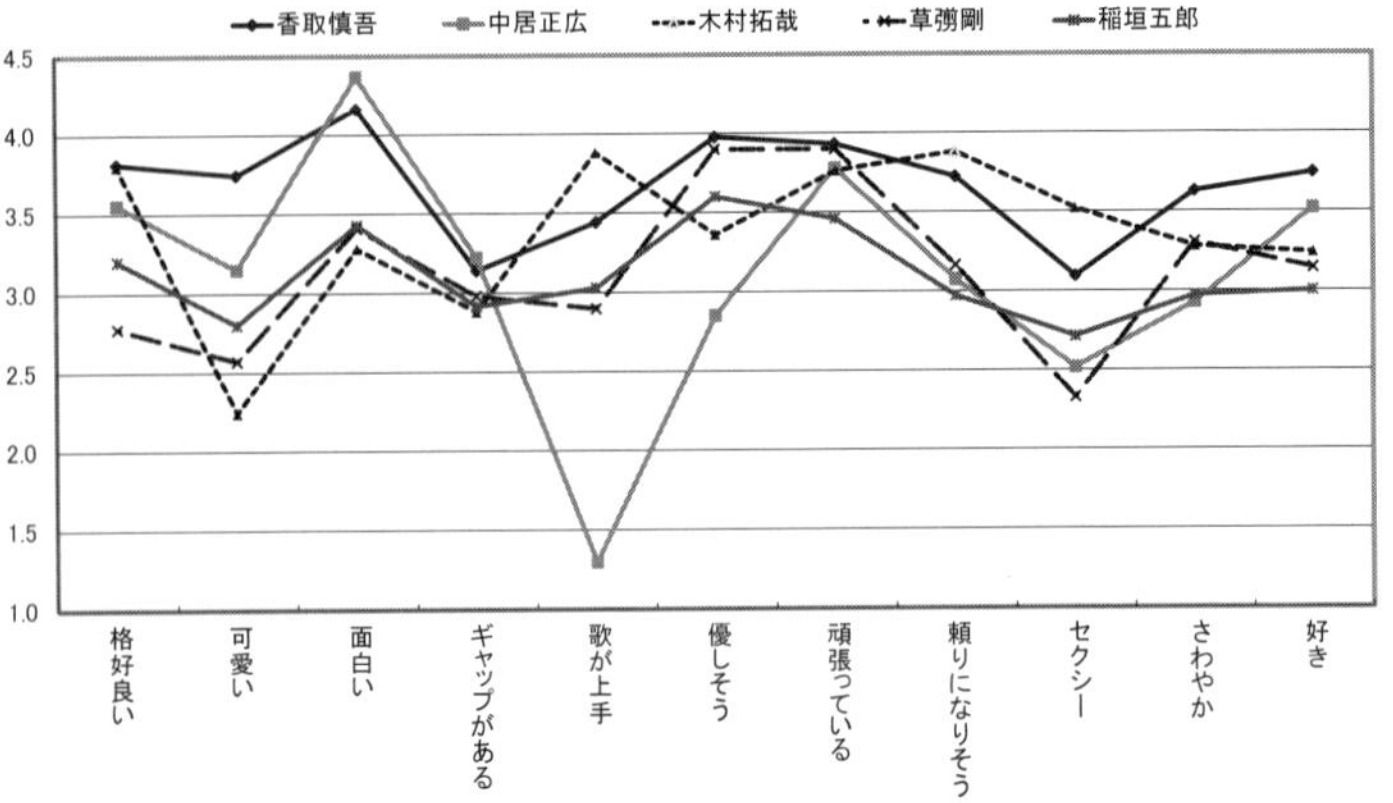

図8－17　SMAPの各アーティストの選好評価の平均値

平均値をアーティストごとにプロットしたものを、グループごとに図8－17～8－23に示す。SMAPの各アーティストの評価を見ると（図8－17参照）、中居正広の「歌が上手」の評価以外、評価の程度は異なるが、ほぼ同様の傾向（折れ線の形）の評価がされている。TOKIOでは城島茂（図8－18参照）、V6では岡田准一と森田剛以外が（図8－19参照）、ほぼ同様の傾向（折れ線の形）の評価がされている。これが嵐（図8－20参照）、NEWS（図8－21参照）、関ジャニ∞（図8－22参照）、KAT－TUN（図8－23参照）になると、各アーティストの折れ線の形が、グループ内で異なっており（特にNEWSやKAT－TUN）、グループ内における各アーティストの特徴の差異が消費者にもきちんと認知されており、ジャニーズ事務所の戦略が、適切に実行できているといえる。

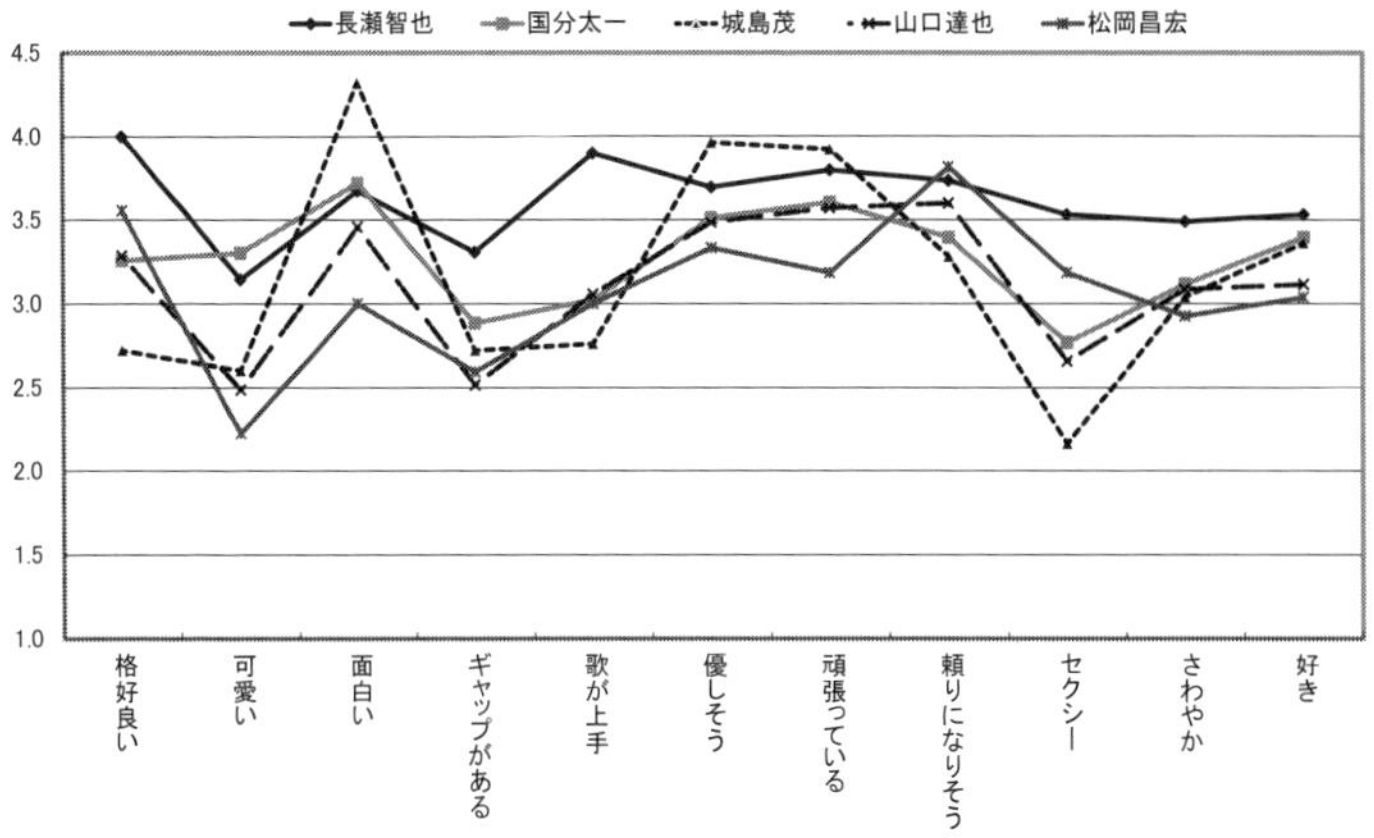

図 8-18　TOKIO の各アーティストの選好評価の平均値

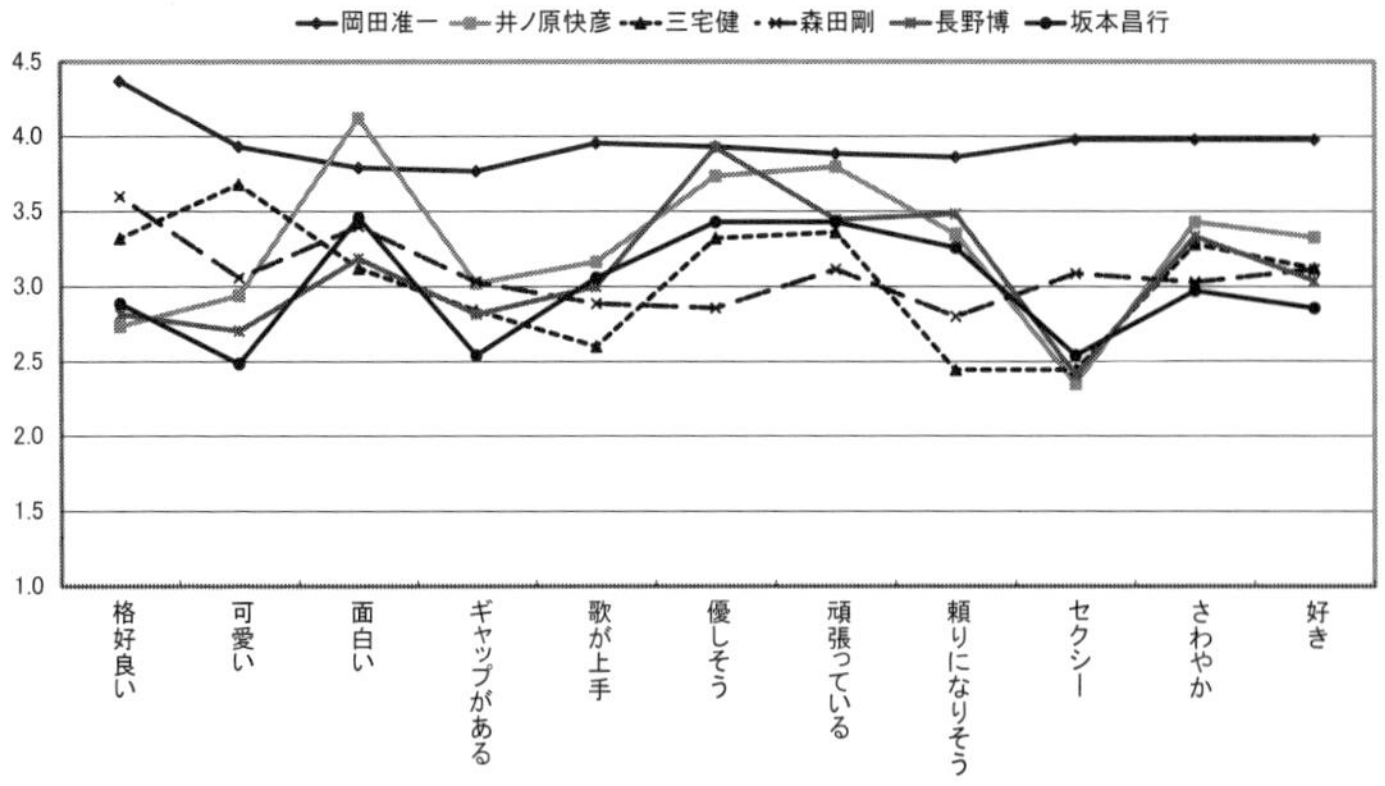

図 8-19　V 6 の各アーティストの選好評価の平均値

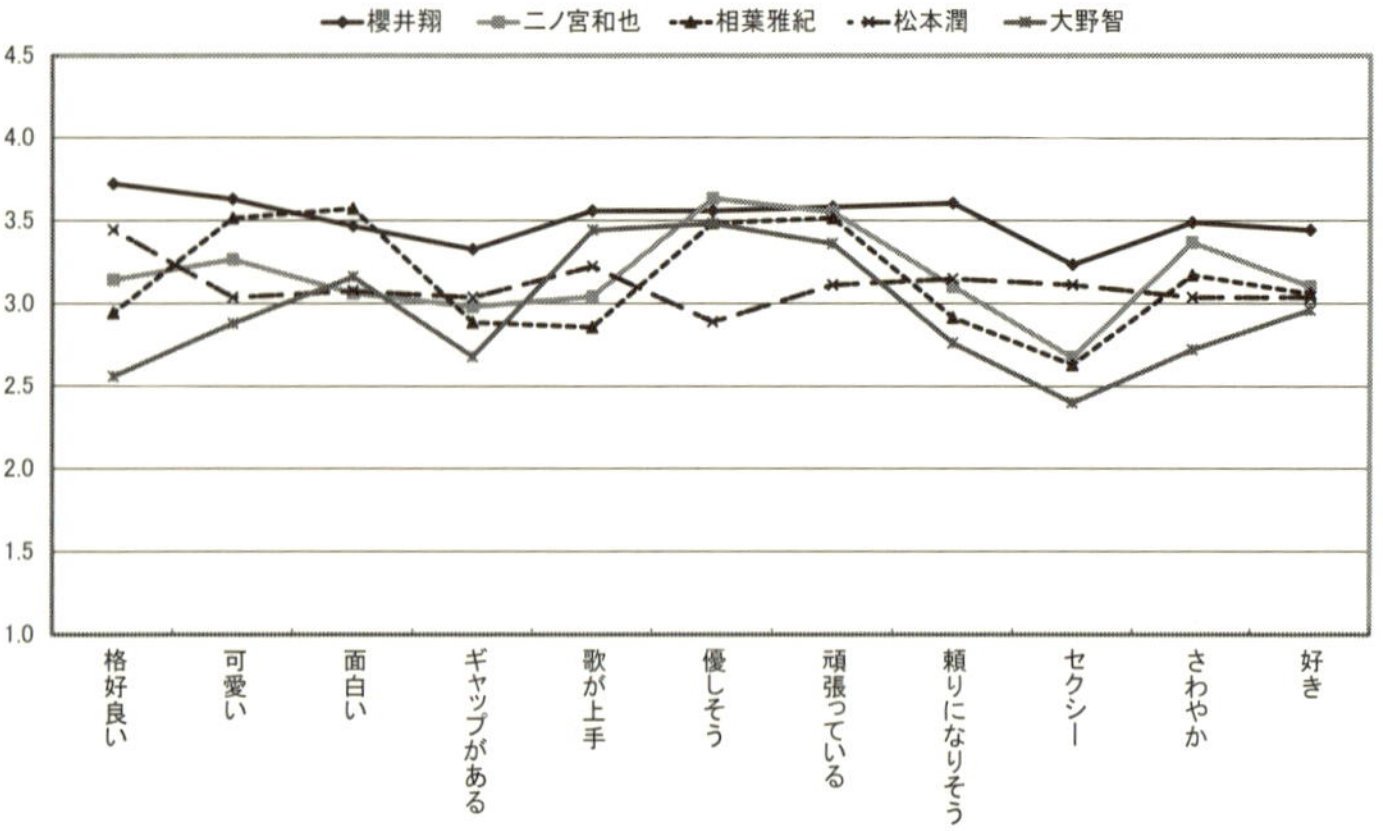

図 8-20　嵐の各アーティストの選好評価の平均値

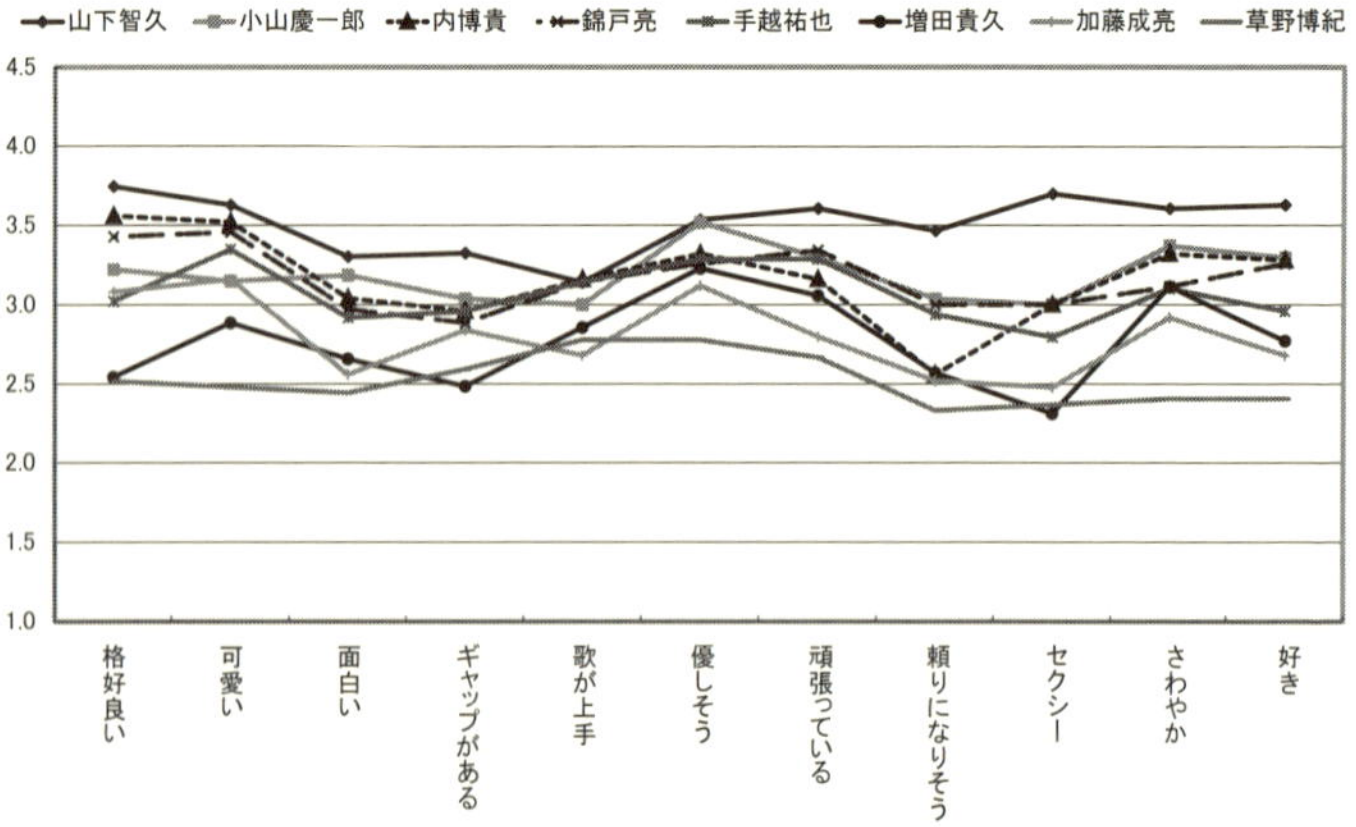

図 8-21　NEWS の各アーティストの選好評価の平均値

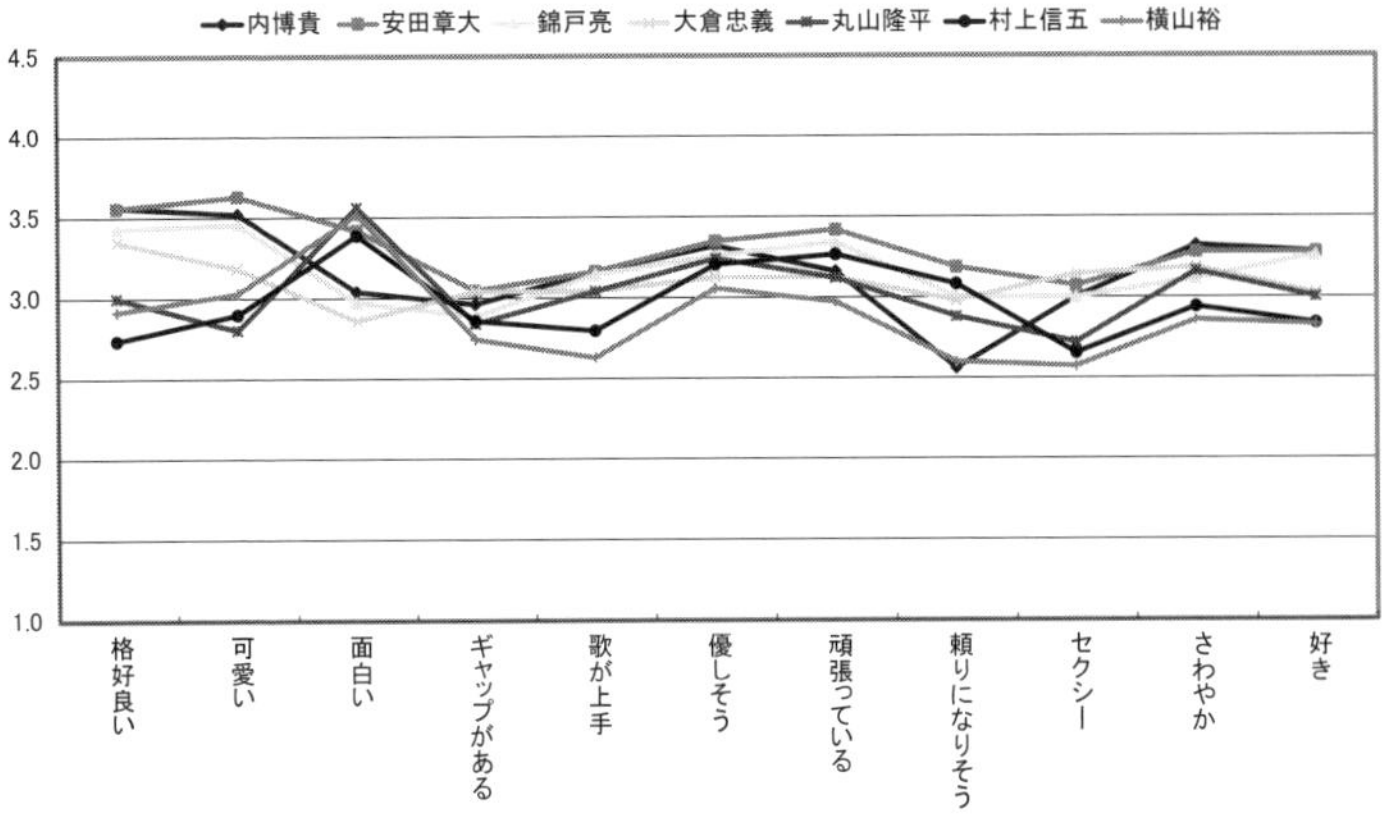

図 8 -22　関ジャニ∞の各アーティストの選好評価の平均値

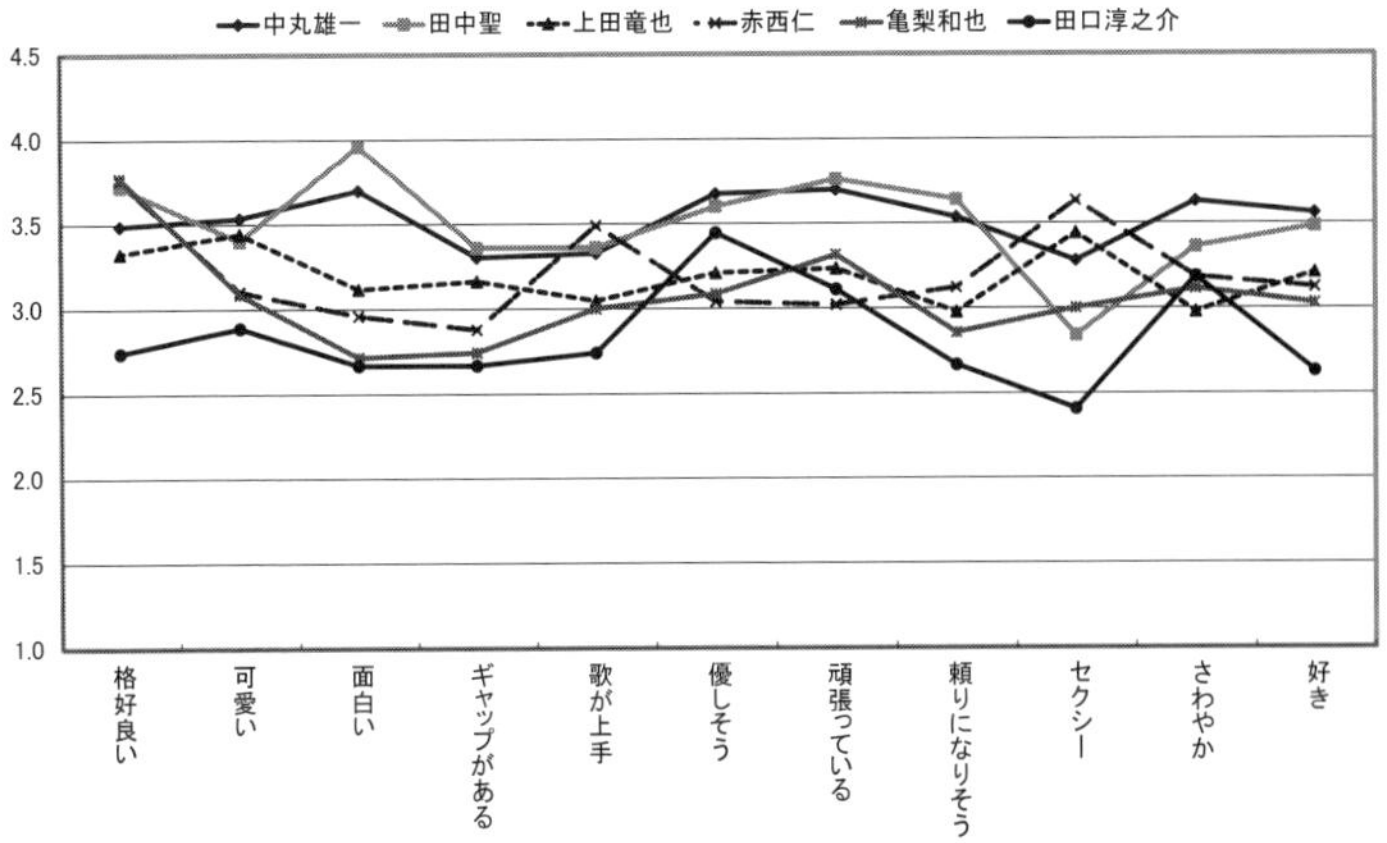

図 8 -23　KAT-TUN の各アーティストの選好評価の平均値

8・3　定量調査による各アーティストの選好要因空間上での各アーティストポジション

各アーティストの選好要因空間上での各ポジションを導出するために、ジャニーズアーティストのポジショニングマップを作成する。そこで、「格好良い」「可愛い」「面白い」「ギャップがある」「優しそう」「頑張っている」「頼りになりそう」「セクシー」「さわやか」の評価項目を因子分析し[3]〜[5]、得られた固有値、因子負荷量などの統計量を表8−1に示す。因子分析とは、たくさんある評価項目（格好良い、可愛い、面白いなどなど）を、情報量ができるだけ失われないようにして、少ない変数（評価項目）にまとめてくれる方法である。このことで、本来なら一般の人が理解するのに難解な、多次元空間という複雑な数学の世界での関係性を、一般の人でも容易に理解しやすい、二次元・三次元の図で表現できるようになる。表8−1より、第3因子までで累積寄与率が81・5％であり、この3因子で元の9変数の情報量が約8割説明できている。縮約された3つの因子の特徴を理解するため、表8−1に示す因子負荷量の高い項目をもとに、因子の解釈を行うと、第1因子は「個性・性格の良さ」、第2因子は「セクシー＋格好良さ」、第3因子は「可愛い」、と命名できる。この3因子の因子得点をアーティストごとに平均し、それを代表点としてプロットしたものが、図8-24〜8-26のポジショニングマップである。また3因子の因子得点を説明変数、「好き」の評価を目的変数として、重回帰分析[6][7]した結果が表8-2である（重回帰分析とは、選好項目（目的変数）に影響するたくさんの要因（説明変数）の中から、どのような要因がどの程度影響するかを、目的変数と説明変数の直線的な関係性から導出する方法である）。

表8-2より、アーティストに対する嗜好性（好き／嫌い）に最も影響する要因は、第1因子の「個性・性格の良さ」であり、その次に影響する第2、第3因子の容姿の2側面（格好良さ・可愛い）はほぼ同等の影響度である。図8-24〜8-26を見ると、近年デビューしたグループほど、性格・個性の軸でかなりばらついており、特に容姿に関する軸（因子2と因子3）では、グループ内で重なるようなアーティストは存在しない。また図8-25を考察すると、結果的に現在人気の高いグループは、ほぼ右側のエリア（個性・性格の良さの評価が高いエリア）に位置づけされており、容姿よりも個性・性格で高評価を得ることが重要といえる。そしてSMAPは、第1因子〜第3因子までのすべてにおいて、バランス良く配置されたアーティストが揃っていることが良く理解できる。また選好に最も影響する第1因子と第3因子の軸で考察すると（図8-27参照）、現在ジャニーズ事務所の2本柱になっているSMAPと嵐のカバーしている領域が異なることがわかり、競合しないグループポジションを築くことが

表8－1　因子分析の結果

変数名	共通性	因子1	因子2	因子3
格好良い	0.718	0.389	0.538	0.527
可愛い	0.872	0.363	0.328	0.795
面白い	0.657	0.651	0.250	0.413
ギャップがある	0.619	0.467	0.433	0.461
優しそう	0.576	0.703	0.164	0.234
頑張っている	0.811	0.796	0.274	0.319
頼りになりそう	0.769	0.703	0.479	0.213
セクシー	0.927	0.269	0.872	0.307
さわやか	0.731	0.603	0.429	0.428
固　有　値	—	6.086	0.784	0.468
累積寄与率	—	0.676	0.763	0.815

表8－2　重回帰分析の結果

	回帰係数	t値	寄与率
因子1	0.716	50.62**	79.2%
因子2	0.458	33.44**	
因子3	0.552	37.45**	

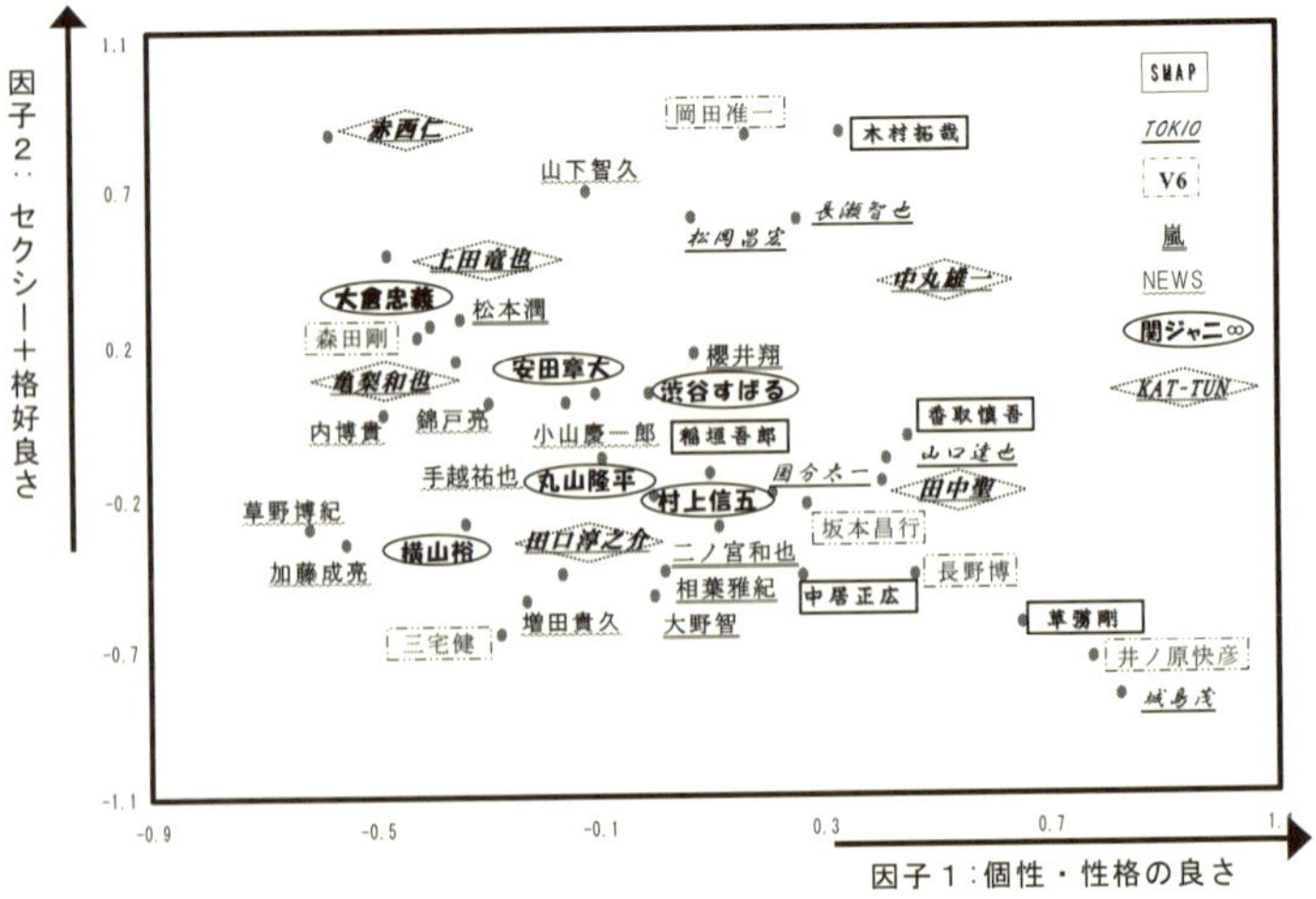

図8－24　ポジショニングマップ（因子1と因子2）

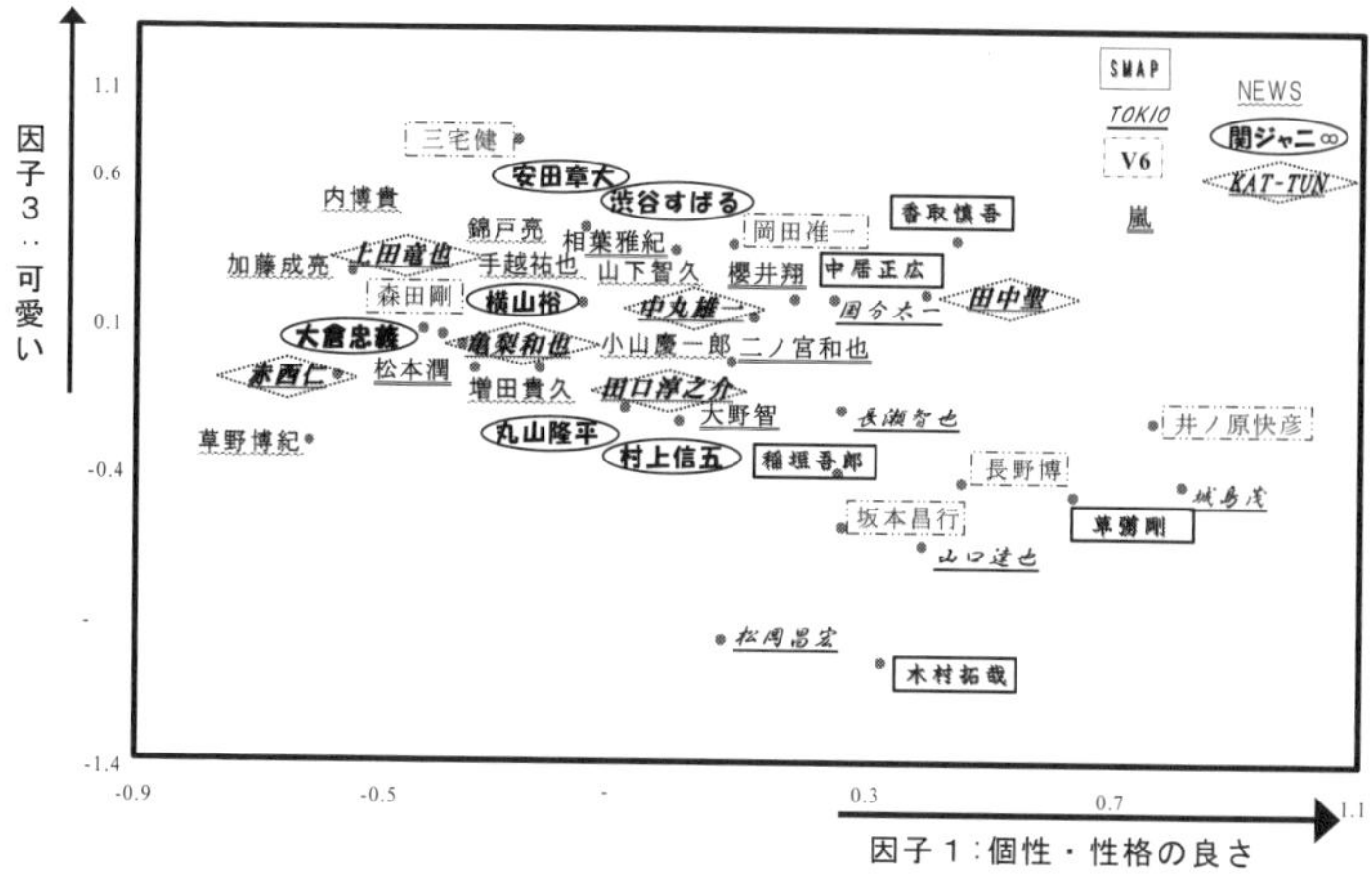

図 8-25　ポジショニングマップ（因子 1 と因子 3）

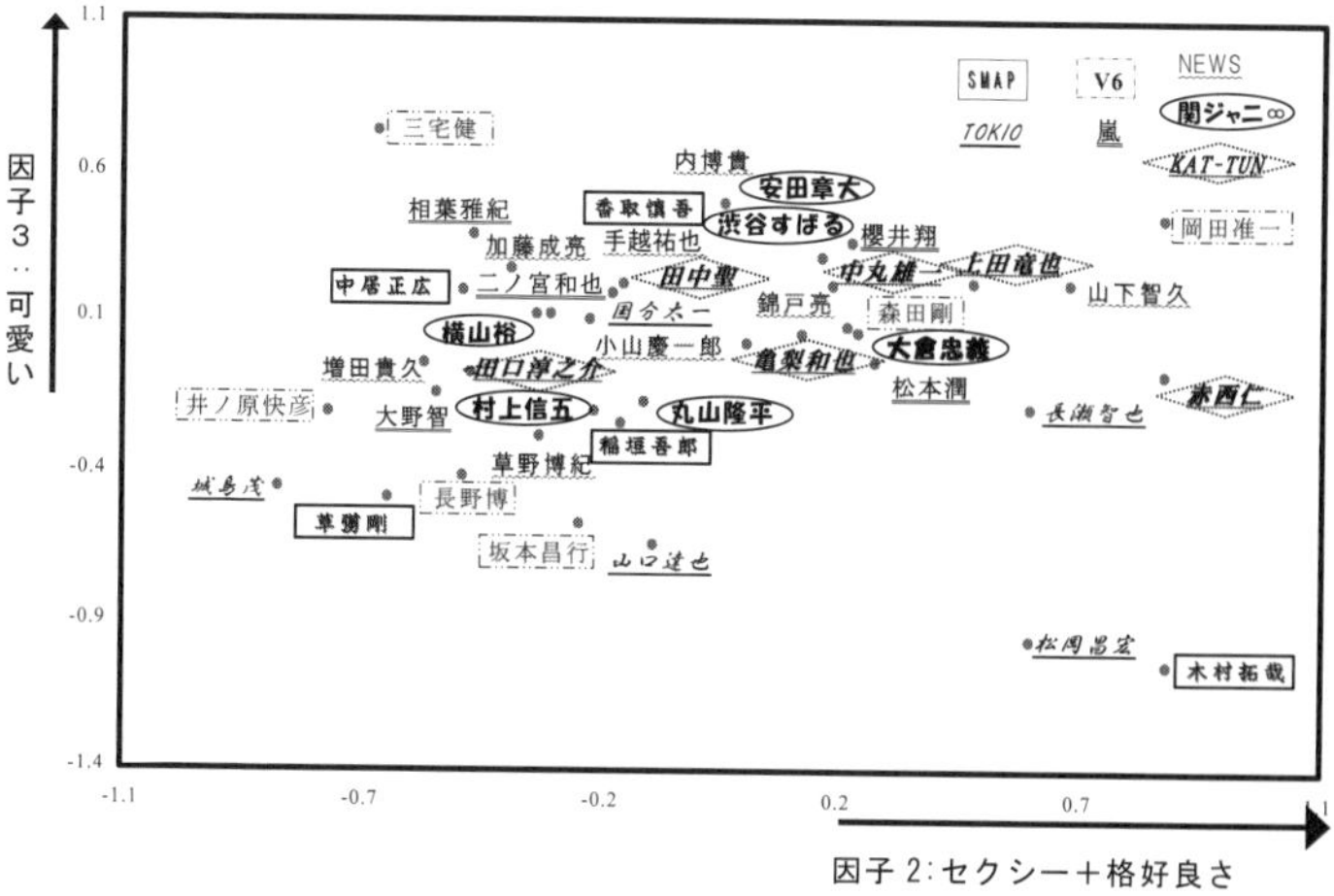

図 8-26　ポジショニングマップ（因子 2 と因子 3）

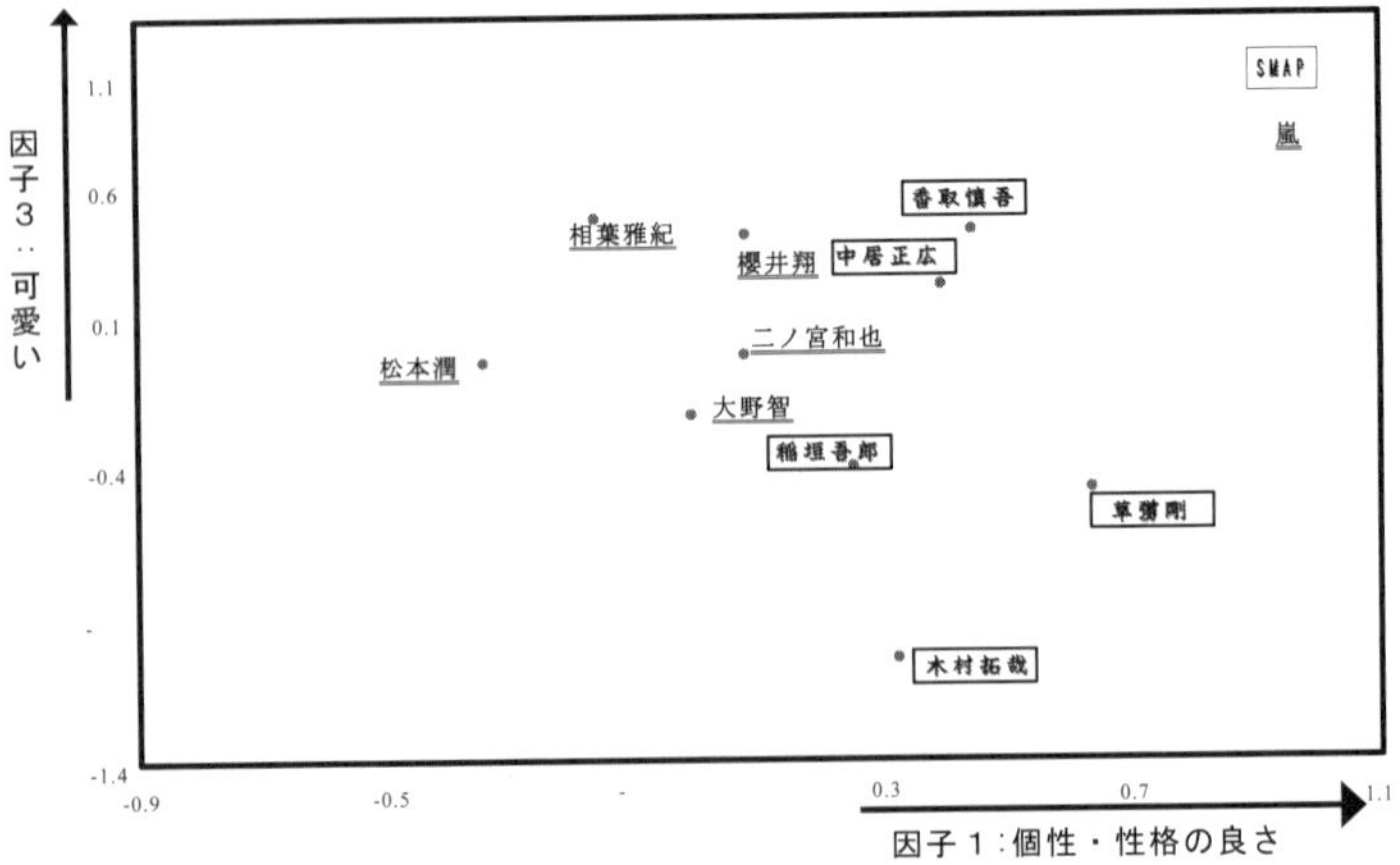

図 8-27　ポジショニングマップ（SMAP と嵐）

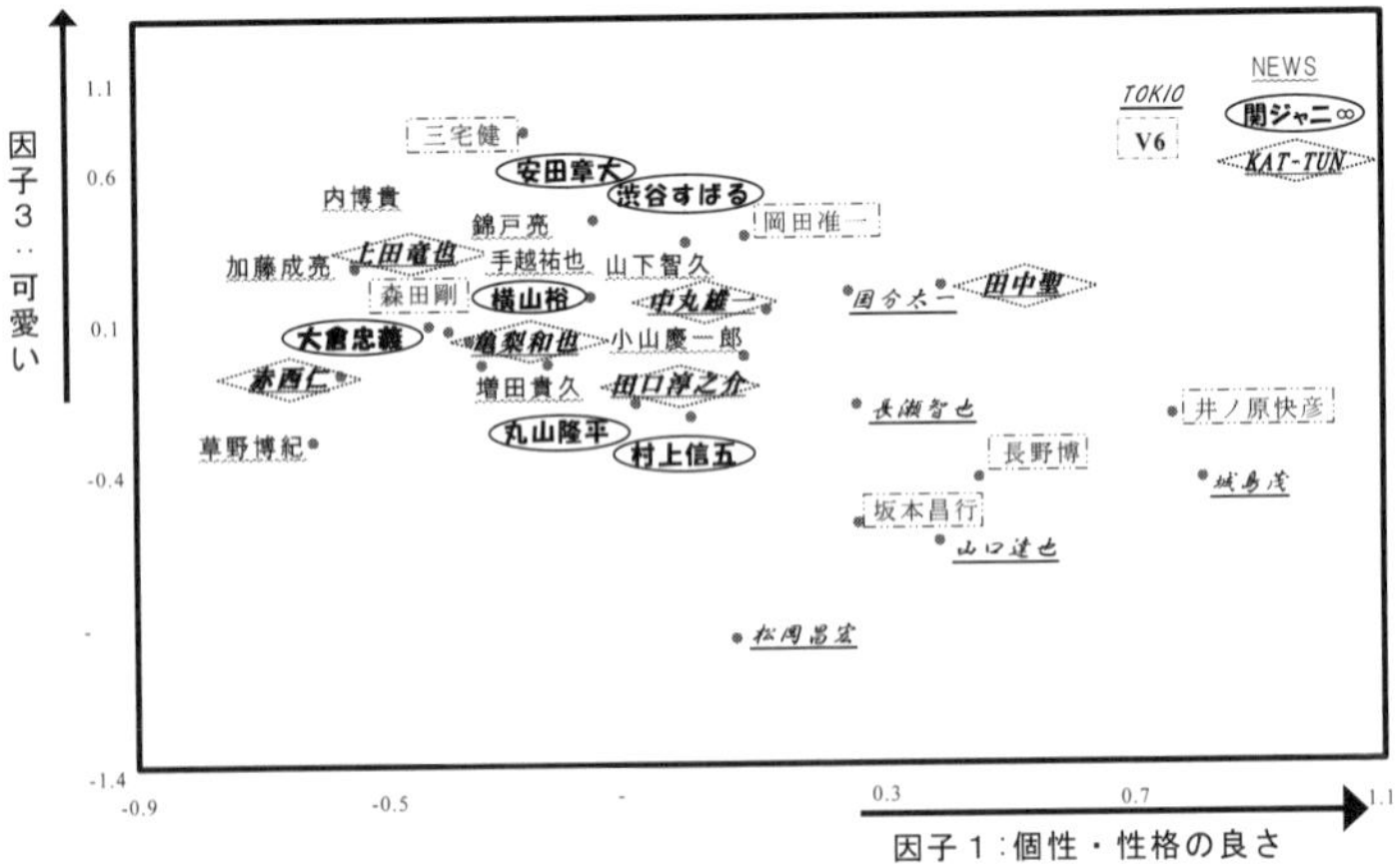

図 8-28　ポジショニングマップ(TOKIO、V6、NEWS、関ジャニ∞、KAT-TUN)

できているといえる。そしてＳＭＡＰと嵐のアーティストが位置する以外の残りの空間を、ＴＯＫＩＯ、Ｖ６、ＮＥＷＳ、関ジャニ∞、ＫＡＴ－ＴＵＮの各アーティストが細かく埋めるような形になっており（図8－28参照）、より細かいニーズにも対応できるようになっているといえる（特に可愛いと評価されるアーティストで埋めている）。

8・4 定量調査による各アーティストの選好要因

最後に、アーティストごとに選好の要因を考察していく。「格好良い」「可愛い」「面白い」「ギャップがある」「優しそう」「頑張っている」「頼りになりそう」「セクシー」「さわやか」「歌が上手」の評価を説明変数、「好き」の評価を目的変数として、アーティストごとに重回帰分析した結果を表8－3～表8－9に示す。

選好に影響する要因を考察すると、各グループ内のアーティストによって選好に影響する要因は異なる（例えばＳＭＡＰでは、木村拓哉は格好良い、稲垣吾郎は優しそう、香取慎吾は面白いが選好に最も影響している）。これはグループ内での各役割がきちんと消費者に認知されていることを表し、それは、ジャニーズ事務所の戦略（個性の異なる集合体としてのグループ）が適切に実行できている証明でもある。容姿の良さで選好されるアーティスト、

表8−4　TOKIOの各アーティスト別要因分析結果

	アーティスト	選好要因	t値	検定
TOKIO	城島茂	さわやか	4.27	＊＊
		可愛い	3.62	＊＊
		面白い	2.93	＊＊
	山口達也	格好良い	3.25	＊＊
		セクシー	2.98	＊＊
	国分太一	歌が上手	3.97	＊＊
	松岡昌宏	可愛い	4.19	＊＊
		面白い	2.44	＊＊
		頼りになりそう	2.44	＊
	長瀬智也	優しそう	3.83	＊＊
		格好良い	2.73	＊＊
		可愛い	2.71	＊＊

表8−6　NEWSの各アーティスト別要因分析結果

	アーティスト	選好要因	t値	検定
NEWS	加藤成亮	頼りになりそう	3.04	＊＊
		さわやか	5.61	＊＊
	山下智久	格好良い	3.67	＊＊
		可愛い	2.22	＊
		優しそう	4.99	＊＊
	草野博紀	面白い	2.89	＊＊
		頼りになりそう	3.93	＊＊
	小山慶一郎	格好良い	14.19	＊＊
		ギャップがある	5.42	＊＊
	増田貴久	可愛い	2.51	＊
		歌が上手	1.97	
		頑張っている	1.57	
		セクシー	4.30	＊＊
		さわやか	1.75	
	手越祐也	面白い	3.82	＊＊
		セクシー	3.48	＊＊
		さわやか	6.79	＊＊

表8−3　SMAPの各アーティスト別要因分析結果

	アーティスト	選好要因	t値	検定
SMAP	中居正広	格好良い	7.07	＊＊
		頼りになりそう	2.94	＊＊
	木村拓哉	格好良い	4.45	＊＊
		さわやか	3.38	＊＊
	稲垣吾郎	優しそう	2.78	＊＊
		可愛い	2.77	＊＊
	草彅剛	面白い	3.31	＊＊
		可愛い	3.28	＊＊
		頑張っている	3.06	＊＊
	香取慎吾	面白い	3.76	＊＊
		さわやか	3.49	＊＊
		頑張っている	2.38	＊

表8−5　V6の各アーティスト別要因分析結果

	アーティスト	選好要因	t値	検定
V6	坂本昌行	さわやか	3.75	＊＊
		頑張っている	1.94	
		格好良い	1.76	
	森田剛	格好良い	3.30	＊＊
		セクシー	1.84	
		さわやか	4.64	＊＊
	長野博	可愛い	2.58	＊
		頑張っている	1.95	
		さわやか	3.23	＊＊
	三宅健	面白い	6.00	＊＊
		さわやか	6.75	＊＊
	井ノ原快彦	可愛い	2.83	＊＊
		頼りになりそう	2.89	＊＊
		さわやか	4.22	＊＊
	岡田准一	格好良い	2.25	＊
		優しそう	3.68	＊＊
		さわやか	2.55	＊

表8-8　嵐の各アーティスト別要因分析結果

	アーティスト	選好要因	t値	検定
嵐	大野智	歌が上手	4.28	＊＊
		優しそう	2.40	＊
		さわやか	4.72	＊＊
	二ノ宮和也	格好良い	3.25	＊＊
		ギャップがある	5.66	＊＊
		頑張っている	3.01	＊＊
	櫻井翔	優しそう	1.90	
		頑張っている	2.20	＊
		さわやか	3.61	＊＊
	松本潤	格好良い	3.74	＊＊
		可愛い	2.87	＊＊
		頑張っている	2.17	＊
		セクシー	2.22	＊
	相葉雅紀	格好良い	3.99	＊＊
		面白い	3.71	＊＊
		優しそう	1.97	
		セクシー	1.88	

表8-7　KAT-TUNの各アーティスト別要因分析結果

	アーティスト	選好要因	t値	検定
KAT-TUN	亀梨和也	ギャップがある	1.86	
		頑張っている	1.59	
		セクシー	6.14	＊＊
	赤西仁	面白い	2.59	＊
		セクシー	1.95	
		さわやか	5.39	＊＊
	田口淳之介	面白い	2.88	＊＊
		頑張っている	2.88	＊＊
		セクシー	3.66	＊＊
		さわやか	1.99	
	田中聖	ギャップがある	6.95	＊＊
		さわやか	4.53	＊＊
	上田竜也	可愛い	3.16	＊
		面白い	1.56	
		ギャップがある	3.45	＊＊
	中丸雄一	面白い	2.88	＊＊
		頑張っている	5.82	＊＊

表8-9　関ジャニ∞の各アーティスト別要因分析結果

	アーティスト	選好要因	t値	検定
関ジャニ∞	渋谷すばる	格好良い	2.54	＊
		ギャップがある	2.38	＊
		さわやか	3.52	＊＊
	錦戸亮	ギャップがある	2.77	＊＊
		優しそう	3.50	＊＊
		さわやか	3.70	＊＊
	丸山隆平	可愛い	2.51	＊
		頑張っている	8.51	＊＊
	安田章大	面白い	2.74	＊＊
		歌が上手い	2.65	＊
		頑張っている	4.26	＊＊
		セクシー	2.17	＊

アーティスト	選好要因	t値	検定
大倉忠義	可愛い	3.76	＊＊
	ギャップがある	2.91	＊＊
	頑張っている	1.59	＊＊
村上信五	格好良い	2.38	＊
	可愛い	3.92	＊＊
	頼りになりそう	5.52	＊＊
横山裕	ギャップがある	2.07	＊
	優しそう	3.67	＊＊
	頑張っている	3.73	＊＊
内博貴	格好良い	2.71	＊
	ギャップがある	5.26	＊＊
	さわやか	3.55	＊＊

容姿の中でも、格好良さ、可愛さ、セクシーさ、さわやかで選好されるアーティスト、容姿以外の面白さ、歌が上手という技術面で選好されるアーティスト、また、頑張っている、頼りになりそう、優しそうという雰囲気の良さで選好されるアーティストなど、各グループ内で、さまざまな消費者ニーズに対応できるアーティストが、各グループできちんと配置されていることがよくわかる。ジャニー喜多川が感覚的に各グループのアーティストを選定して、各グループを創造しているが、客観的にデータで考察しても、各グループ間・各アーティスト間のバランスの良さと、選好に影響する要因への適合が実践できており、優れている。

8・5 小括

以上のように、「SMAP」「TOKIO」「V6」「嵐」「NEWS」「関ジャニ∞」「KAT-TUN」の各アーティストについて、定量的に、選好の要因と選好要因空間上での各アーティストポジションを分析した結果、ジャニーズ事務所のアーティスト創造戦略の適切な実践とその優良性が実証できた。また消費者のジャニーズアーティストに対する嗜好性（好き／嫌い）に影響する要素は、容姿よりも個性・性格が重要で、個性・性格を構成する要素も、「頑張り屋」「頼もしい」「優しそう」「面白い」「さわやか」であった。さらに近年デビューしたグループほど、グループを構成するアーティストの個性・性格評価でばらつきが大きかった。
本調査の結果からは、ジャニーズ事務所が多くのヒットアーティストを創造できている理由として、消費者のアーティストに対する嗜好性（好き／嫌い）に影響する個性・性格で、個性が重ならないようにアーティストを創造し、マネジメントするという工夫を行っているからといえる。そしてそのことが、多様なタイプのアーティストを取り揃えることになり、さまざまなファンを獲得する結果につながっている。

【参考文献】

［1］讃井純一郎・乾正雄（1986）：「レパートリー・グリッド発展手法による住環境評価構造の抽出：認知心理学に基づく住環境評価に関する研究（1）」、『日本建築学会計画系論文報告集』、第365号、pp.15-22、日本建築学会
［2］梅澤伸嘉（1994）：「消費者ニーズを的確に把握する『グループインタビュー調査』」、『品質』、Vol.24、No.3、pp.12-18、日本品質管理学会
［3］片平秀貴（1987）：『マーケティング・サイエンス』、東京大学出版会
［4］豊田秀樹（2012）：『因子分析入門―Rで学ぶ最新データ解析』、東京図書
［5］照井伸彦・佐藤忠彦（2013）：『現代マーケティング・リサーチ―市場を読み解くデータ分析』、有斐閣
［6］豊田秀樹編（2012）：『回帰分析入門―Rで学ぶ最新データ解析』、東京図書
［7］菅民郎（2013）：『Excelで学ぶ多変量解析入門』、オーム社

おわりに

本書では、ジャニーズ事務所のエンタテインメント価値の創造・マネジメントに関する成功戦略の特徴や法則性の抽出を試みた。その特徴や法則性をまとめると次の通りである。

ジャニーズ事務所は、エンタテインメント価値の創造について、時代を読む能力、多様なニーズの把握力が優れていた。そのことで、市場のニッチ領域を探すことが上手であり、次々と有望市場を発見していった。時には、ブランドポジションの再定義まで行い、新たな有望市場を発見できていた。また新しい市場を発見するだけでなく、イノベーションを起こすほど、各アーティストの技芸力を向上させるマネジメントも優れていた。そのことで、各時代で求められる多様なニーズにも対応できる、質の高いさまざまなアーティストを創造し、アーティストの活躍できる領域を拡張し、市場規模の拡大もしていった。そして個（アーティスト）と集団（グループ）の絶妙なバランスを企画した価値の創造・マネジメントが、ジャニーズ事務所の一番核の戦略であり、とても優れていた。伝統と革新の両面を備えたこの戦略は、経験価値という新しい価値まで創造していた。最後に、テスト・マーケティング、プロモーションも兼ねた、次期アーティスト育成の素晴らしいシステム（ジャニーズJr.としての活動）も確立されていた。そこには、技芸の基礎、実践的な場数、夢や希望というモチベーション、若き仲間との共創と競争など、さまざまな観点から育成されるシステムが確立されており、多くの次期アーティストが、継続して誕生していった。そしてジャニーズ事務所のエンタテインメント価値の創造・マネジメントの特徴や法則性は、経営・マーケティングのテキストに挙がる多くの専門用語（具体的な専門用語は各章参照）で説明できるほど、結果的に理にかなった戦略であったといえる。またこの特徴は、さまざまな年代、海外・国内のさまざまな企業を対象に行われた先行研究での超優良企業の条件や特徴、何百年と永続してきた日本の老舗企業の共通的な特徴とも合致していた。

さらにジャニーズ事務所の戦略によって創造されたジャニーズアーティストたちは、競争優位を得る一つの方法として注目を集めている経験価値も提供しており、その経験価値の中身も、各グループに合った異なる経験価値を創造し、女性が求めるさまざまなニーズに対応していた。このことは、「個性・性格が重ならないようにグループ、アーティストを創造する」というジャニーズ事務所の一番核の創造戦略が実践されていることの証明であり、またアーティストに対する選好について、一般消費者を対象にした定量調査で「容姿よりも個性・性格が最も選好に影響する要因であったこと、その個性・性格と容姿の評価軸で、ジャニーズアーティストは、各グループ内で重なるアーティストが存在しなかったこと」が実証されたことは、いかにジャニーズ事務所が消費者のニーズを適切に把握し、そのニーズを実現できる企画力を持ち得ているかという、エンタテインメント価値の創造・マネジメントに関する成功戦略の具体的な特徴であったといえる。

以上のエンタテインメント価値の創造・マネジメントに関する成功戦略の特徴や法則性について、ここで、老舗企業の経営戦略と提供価値、ラグジュアリーブランディング、有形財のものづくりの観点からまとめてみる。

SMAPの超大ヒット曲「世界に一つだけの花」の歌詞の最後には、「No.1にならなくてもいい　もともと特別なOnly one」という歌詞がある。ジャニーズ事務所の戦略の特徴が、この言葉にとても表れていると感じる。成熟市場でライバルに勝るために、他に真似できないことをする、または他のやっていないニッチ領域で活動することを考えるだけなら簡単であるが、実践するのはとても難しい。他に真似できないことをするためには、かなりこだわりのあるオンリーワンを目指さなければならない。経営資源の豊富な巨大企業に、後発として追随を受けないためには、本当に真似のできないオンリーワンを創らなければならない。それはとても時間のかかることであり、これを実現させるための財源も必要になってくる。永続できている老舗企業は、ここの問題を上手く解決できており、ジャニーズ事務所も同様の戦略でオンリーワンを実現できている。ジャニーズ事務所の戦略は、「歌って踊れる個性の異なる集合体としての男性アイドルグループの創造」を、他社がやっていない、他社が真似できないこととして、「自社の強み」に位置づけ、その強化を行っている。しかしオンリーワンが実現できるレベルまでには時間がかかるため、その過程でいくつかの危機（課題）が噴出することになる。ここでジャニーズ事務所は、老舗企業が行っているように、自社の弱みの克服を行い、危機を解決している。ジャニーズ事務所の危機解決方法は、多くのケースで、新規顧客にアプローチすることである。新規顧客とは、現在ジャニーズ事務所の顧客（ファン）になっていない人達であるから、ジャニーズ事務所の強みである「歌って踊れる個性の異なる集合体としての男性アイドルグループ」に、魅力や興味を感じていない人達ととらえることができる。強みに特化したことによって発生してしまう自社の弱みであるから、仕方のないことではあるが、この弱みをある程度解決して事業を存続させなければ、強みの強化を継続させることは難しい。よってこの新規顧客（自社の強みに魅力や興味を感じていない人達）にアプローチして危機を解決するのだが、目的は自社の強みを変更することなく、強化を完成させるために、この弱みを克服する所にポイントがある。強みを変えないまま、アーティストをドラマやバラエティー番組に出演させたり、歌って踊るパフォーマンスに続く新しいパフォーマンスを加えたり、個別活動を行ったりなどの工夫を行い、新規顧客に対して、別の視点からジャニーズアーティストに興味関心を持たせ、最終的には新規顧客にも、自社の強みに魅力を感じさせ、主要顧客（既存顧客）にしていっている。本業を絶対に変えない老舗企業のように、ジャニーズ事務所も、自社の強みを絶対に変化させず、そして老舗企業のように、この強みの強化のために、弱みを克服するという戦略をとった[1]。この強み強化のための弱み克服の活動が、結果的に競争力を強化させることに機能していった。よって組織活動の大きな変化ではなく、またさまざまな新規顧客を多く獲得する活動でもない。激戦区で多くのライバルと戦うのではなく、無理なく勝てる領域で、少しずつ確実に勝っていく戦略であるため、確実に競争力が身についていく。それはちょうど、今まで使用していなかった筋肉をゆっくりと鍛え上げるような活動であるため、無理なく行える。さらにこの戦略が実践されると、事業活動のピラミッドの裾野が少しずつ拡張されるため、基礎も強固になってくる。そうすると高見を目指し、拡張した部分にも、着々と増設を行うことができるようになる。この繰り返しで、弱みを少しずつ克服していきながら、強い競争力を築き上げている。そして大黒柱となる自社の強みは、安定した基礎と拡張された部分に支えられながら、一段と強化されて、オンリーワンとなる尖りを一段と高めることができるようになる。よってＳＭＡＰの「世界に一つだけの花」では、「No.1にならなくてもいい」という歌詞になっているが、「特別な Only one」を目指し、素晴らしい戦略（老舗企業と同様の戦略）を実践したジャニーズ事務所は、結果として、多くの「No.1」も獲得していくことになる。また老舗企業が提供しているものには、経験価値が多く、「高価でも売れていく、永続的に売れていく」のは、このような経験価値が提供されているからだという報告もある。[2]〜[6] このように老舗企業の経営戦略や提供価値によって、ジャニーズ事務所の競争優位を説明できることは、とても興味深いことである。

次に、ラグジュアリーブランディングの視点から考察してみる。日本のラグジュアリーブランド研究の第一人者である、早稲田大学ビジネススクール長沢伸也教授の書籍に「ブランド帝国の素顔」[7] がある。上書は、多くのラグジュアリーブランドを買収し、衰退したラグジュアリーブランドを新たに再生し、LVMH（モエヘネシー・ルイヴィトン）という企業を築き上げたベルナール・アルノー（社長）の経営・マーケティング能力と手法を明らかにしたものである。ここで取り上げられたラグジュアリーブランドの巨人LVMH社と、ジャニーズ事務所には多くの共通点が存在する。LVMH社の社長であるベルナール・アルノーは、元々はモード業界とは無縁の建設会社のエンジニアであり、同様にジャニーズ事務所社長のジャニー喜多川も、元々は芸能界とは無縁の日本のアメリカ大使館軍事援助顧問の事務職員であり、異畑で大成し、傍流経営者となっている。またLVMH社は、マネジメントが困難とされていた感覚・感性を拠り所とするデザイナーをほど良くマネジメントでき、ラグジュアリーブランドの古き良き伝統を継承しつつも、新たな試みで、ブランドポジションの再定義に成功している点も、ジャニーズ事務所の成功戦略の特徴と類似する。そしてＬＶＭＨ社が保有するラグジュアリーブランドで、去年はクリスチャン・ディオール、今年はルイ・ヴィトン、来年はエミリオ・プッチとダナキャランなど、個々のブランドが代わる代わる人気や話題を集めることができることで、結局常にＬＶＭＨ社が話題になってしまうというスケールメリットや、各事業で得意分野を持つブランドを多く集めることで得られるメリットなど、分野間ポートフォリオが優れている点を持ち合わせていることなども、ジャニーズ事務所と共通する。去年はＳＭＡＰ、今年は嵐、来年はKinKi Kidsとタッキー&翼など、ジャニーズ事務所のアーティストが代わる代わる人気や話題を集め、結局常にジャニーズ事務所が話題になる。さらに正統派アイドルならＮＥＷＳ、面白く格好良いアイドルなら関ジャニ∞、ワイルドでセクシーなアイドルならＫＡＴ‐ＴＵＮなどと、分野間ポートフォリオも、ＬＶＭＨ社と同様に確立されている。芸能ビジネスであるため、モード業界と関連が薄いとはいえないが、ラグジュアリーブランドを再生・発展させていく成功戦略と、ジャニーズ事務所の戦略の特徴がこれだけ類似することも、大変興味深い点である。

各企業が、競争優位を得るために、顧客満足を高めたり、ブランドを構築したり、経験価値を軸にしたりとさまざまな戦略を実践することで、その成功戦略の特徴から新しい経営・

マーケティング理論が生まれ、その理論をまた企業が実践するという連鎖の中で、ビジネスの学問は精緻化されてきた。前述したジャニーズ事務所の戦略と過去のビジネス研究や、本書で示した経営・マーケティング理論との興味深い関係を明示すると、ビジネスの学問が精緻化されていくこの連鎖の中の1つに、ジャニーズ事務所も含まれるべきではないかと主張したい。

最後に、有形財のものづくりの観点からも考察してみる。まず、日本のものづくりは現場で起こっており、経済・産業・企業は、この現場と連動しながら起こる現象の表れととらえ、現場の重要性を主張している、製造業の生産管理方式の研究で著名な東京大学大学院経済学研究科の藤本隆宏教授は、世界に誇れる日本のものづくりの現場の強みは、「多能工のチームワーク」であると述べている。[8][9] 自分の専門とする仕事以外について、自分の専門に隣接する他のポジションの仕事を、時間をかけて熟知していった多能工は、他の仕事をフォローし合うように、自分の仕事を行うため、アイコンタクトができるような力を発揮し、工程や品質が洗練されることで、商品のクオリティーが向上すると示している。「個性・性格が重ならないようにグループ、アーティストを創造する」というジャニーズ事務所の一番核の創造戦略は、藤本教授が示す「多能工のチームワーク」を生み出す戦略にもなっていると考えられる。次に技術経営（MOT：management of technology）の第一人者である、一橋大学イノベーション研究センター長の延岡健太郎教授は、日本企業には、意味的価値を作り込んだものづくりが必要だと主張している[10]。これは、ものづくり能力が十分に高くない企業でも、機能的価値だけであれば、開発・製造できる時代に現在はなっており、これからのものづくりには、模倣されない競争力獲得に必要な戦略構築のために、生産技術者や生産技術部門が価値づくりに貢献しなければならないと主張している。この価値づくりの具体的なものが、意味的価値を作り込んだものづくりである。本書の「はじめに」で取り上げた、「人をもてなすこと（モノ）、人を楽しませること（モノ）[11]」というエンタテインメントの定義や、エンタテインメント要素の強い商品が、生活必需品や耐久消費財でもヒット商品になっている現象を考察すると、延岡教授の主張する「意味的価値を作り込んだものづくり」とは、「エンタテインメント価値を取り入れたものづくり」ともとらえられ、今後の日本のものづくりに必要な概念に成りえるといえる。このような観点からも、ジャニーズ事務所のエンタテインメント価値の創造・マネジメントに関する成功戦略の特徴や法則性を研究することは、今後のものづくりにおいて、多くの企業が学ぶべき、役立つ多くの知見が存在するといえ、本研究の一定の価値を示せたと考える。

筆者の研究室では、創造アーキテクト（Creation Architect：ヒット商品創造の流れをデザインする建築家のようなイメージ）人材として、有望市場・有望ターゲットの発見から、魅力的な新商品コンセプト創造までにかかわるさまざまな創造活動を、設計構想（合理的にそして有機的に結びつける効果的なプロセスをデザイン）し、組織の創造活動を助ける役割になるための実践研究を行っている。[12]組織の大きい小さいにかかわらず、組織で人の思考や思考法を共有することは難解である。そしてそれぞれの異なる思考法で、さらに曖昧で非効率な創造活動を行い、新商品コンセプトのような目に見えないものを、組織で的確に創造することは容易ではない。それなのに難解で容易ではないこの創造活動の結果は、利益に直結していく。このように多くの企業で課題を抱える創造活動でありながら、新商品を生み出す出発点にもなる企画という創造活動で、多くのビジネス研究は散見されない。それだけではなく、日本の大学、特にビジネスを学問として教える学部、学科で、創造性開発マネジメントの教育が行われている所はごくわずかしかない。全米の主要大学では、5割以上がクリエイティブコースを持っているとともに、教養課程で創造性教育が行われている。[13]一方で、多くの日本企業で創造活動に多くの課題を抱えながら、日本の大学では創造性開発教育をほとんど修得できないことが多い。このような課題に対応するため、当研究室では、独自に開発したｍＰＳ（Marketing Pyramid Structure）理論（メソッド）を用いて、実社会の課題にトライし、実社会に役立つ創造アーキテクト人材の育成を行っている。

ゼミ生たちとのこのような研究活動の中で、ジャニーズ事務所のジャニー喜多川社長の言葉を、多く使用させて頂いている。「You やっちゃいな」「You しかできないことだ」という言葉は、若者にとても響く言葉であることを実感している（ジャニーズアーティストを名前ではなく、You と呼ぶのがジャニー喜多川の口癖である）。成功体験の少ない若者は、能力が荒削りであるとともに、自信を持ち合わせていない。だから、思い切って飛び込み、つまずき転びながらも、我武者羅に努力して前に進めば、道は開きいずれ成功するのに、飛び込む勇気が出てこない。そのような時、この言葉が若者の背中を押してくれているように感ずる。また「できない人を、できる人が助けなさい」というジャニー喜多川の思想も、当研究室のモットーにしている。ジャニーズJr.での活動中に、現場で上手くできなかった人を助けなかったできる人が、ジャニーズJr.を辞めさせられたという逸話がある。現場で上手くできなかった人は、練習をサボったり、努力を怠ったりしていた人だとしても、それでもできない人を助ける精神を、デビュー前の早い段階から根付かせているのがジャニー喜多川である。自身の果たすべき役割を理解させ、どれだけ才能があり、できが良くても、決して天狗にならないように、「できない人」を助ける気持ちをずっと持ち続けられる人であることを、ジャニー喜多川は願っている。核家族化、少子化、過疎化によって、多くの人と接する機会が少なくなった現在の若者には、特にこの考えや精神が必要だと感じる。当研究室でも、創造性開発の活動は、さまざまな価値観を持った人達の協働活動によって生まれるため、「できない人を、できる人が助ける」という精神は、モットーとして実践している。時には衝突が起こることもあるが、できる人、できない人との違いは、表面的なやり方の違いのみであり、心の核に持つ目標や願うことに大きな差はなかったと確信している。このように、ジャニー喜多川が行う創造性活動は、その創造性活動で活躍する若者への教育についても、学ぶことが多いと、若者への創造性教育を行っていて、常々感じる。

本研究はこういう環境の中から生まれてきた。特に本研究は、丸山ゼミ2年生（当時）の國谷静香さん、宮下湖弓さんの協力のもとに行われたものであり、夜遅くまで、資料の収集・整理・分析はもとより、ジャニーズアーティストの価値について、熱のこもった議論を何時間でもできたことに心より感謝したい。さらに原稿執筆段階では、丸山ゼミ4年生（当時）の山﨑枝里子さん、3年生（当時）の安西望さんに、多くの資料収集を協力頂いた。各資料を丁寧で丹念に情報整理してくれたことで、有用な分析ができたことに対して、2人に感謝したい。そして、本書は、株式会社創成社出版部の西田徹課長のご尽力により形となった。本書の内容を高く評価頂き、出版を勧めて下さったことに対して、ここに厚く御礼申し上げる。

【参考文献】

［1］神田良・岩崎尚人（1996）：『老舗の教え』、日本能率協会マネジメントセンター

［2］長沢伸也・早稲田大学ビジネススクール長沢研究室（2005）：『ヒットを生む経験価値創造―感性を揺さぶるものづくり』、日科技連出版社

［3］長沢伸也（2006）：『老舗ブランド企業の経験価値創造―顧客との出会いのデザインマネジメント』、同友館

［4］長沢伸也・染谷高士（2007）：『老舗ブランド「虎屋」の伝統と革新―経験価値創造と技術経営』、晃洋書房

［5］長沢伸也（2009）：『地場・伝統産業のプレミアムブランド戦略―経験価値を生む技術経営』、同友館

［6］長沢伸也・石川雅一（2010）：『京友禅千總　450年のブランド・イノベーション』、同友館

［7］長沢伸也（2002）：『ブランド帝国の素顔―LVMHモエヘネシー・ルイヴィトン』、日本経済新聞出版社

［8］藤本隆宏（2004）：『日本のもの造り哲学』、日本経済新聞出版社

［9］藤本隆宏（2013）：『現場主義の競争戦略』、新潮社

［10］延岡健太郎（2011）：『価値づくり経営の論理―日本製造業の生きる道』、日本経済新聞出版社

［11］A.S.Hornby（2005）：*The Oxford Advanced Learner's Dictionary*, Oxford University Press.

［12］丸山研究室（2016）：「丸山研究室 Facebook ページ」、http://ja-jp.facebook.com/maruyama.lab/

［13］高橋誠編（2002）：『新編　創造力事典』、日科技連出版

《著者紹介》

丸山一彦（まるやま・かずひこ）

1970年　三重県に生まれる。
成城大学大学院経済学研究科経営学専攻博士課程修了（博士（経済学））。
成城大学経済研究所研究員，明治大学理工学部兼任講師，富山短期大学経営情報学科教授を経て，
現在，和光大学経済経営学部経営学科教授。

専門分野は，ものづくり研究の中の「創造アーキテクト，新商品開発マネジメント，市場戦略論，購買行動分析」など。プランニングコンシェルジュとして，マーケティング手法，消費者行動理論，統計学などを用いて，様々な企業・団体で商品企画・開発の共同研究，講演セミナー，コンサルティングなどの価値創造活動を支援。

2001年　日経品質管理文献賞受賞
2008年　日経品質管理文献賞ノミネート
2010年　日経品質管理文献賞受賞
2013年３月２日　日本テレビ系列「世界一受けたい授業」に出演

《主要著書》

・『文科系のためのコンピュータ活用入門（実践編）』（共著）同文館，1999年。
・『商品企画七つ道具・実践シリーズ　第２巻』（共著）日科技連出版社，2000年。
・『商品企画七つ道具・実践シリーズ　第３巻』（共著）日科技連出版社，2000年。
・『顧客価値創造ハンドブック―製造業からサービス業・農業まで感動を創造するシステム―』（分担執筆）日科技連出版社，2004年。
・『戦略的顧客満足活動と商品開発の論理』（単著）ふくろう出版，2008年。
・『新版　品質保証ガイドブック』（分担執筆）日科技連出版社，2009年。
・『地球環境時代の経済と経営』（分担執筆）白桃書房，2011年。
・『17歳からはじめる　経済・経営学のススメ』（分担執筆）日本評論社，2016年。

2017年４月25日　初版発行　　略称―エンタテインメント

エンタテインメント企業に学ぶ競争優位の戦略

著　者　丸　山　一　彦
発行者　塚　田　尚　寛

発行所　東京都文京区春日2-13-1　株式会社　創　成　社

電　話　03（3868）3867　ＦＡＸ　03（5802）6802
出版部　03（3868）3857　ＦＡＸ　03（5802）6801
http://www.books-sosei.com　振　替　00150-9-191261

定価はカバーに表示してあります。

ISBN978-4-7944-2505-8 C3034
Printed in Japan

組版：亜細亜印刷　印刷：亜細亜印刷
製本：宮製本所
落丁・乱丁本はお取り替えいたします。